# 富山型コンパクトシティの構想と実践

富山市事業構想研究会[編]

学校法人 先端教育機構
事業構想大学院大学出版部

賑わい創出を目指し、2007年にグランドプラザをオープン
（エコリンクとツリー型イルミネーション）

花で潤うまちを目指し、街路景観を演出するハンギングバスケットや
バナーフラッグを設置

ラッピングされたLRT車両

2020年に富山駅において路面電車の南北接続が実現。南北での人の交流が期待される

「医療・福祉・健康」の交流拠点として公民複合施設「総曲輪レガートスクエア」を
市内中心部にある旧総曲輪小学校の跡地に2017年にオープン

大手モールでのトランジットモール社会実験

コミュニティサイクルシステム（アヴィレ）で
中心市街地や周辺地域での回遊性の向上を狙う

グランドプラザで開催されるココマルシェ
中心市街地での新しい楽しみ方を提示するとともに周辺への相乗効果も

# 発刊にあたって

　21世紀の今、地方都市では、過度な自動車依存による公共交通の衰退や市街地の低密度化などの課題に適切に対応し、将来世代に責任の持てる持続可能な社会を構築することが求められております。

　本市が取り組んできたコンパクトシティ政策とは、鉄軌道をはじめとする公共交通を活性化し、その沿線に居住や商業、業務、文化など都市の諸機能を集積させることにより、車を自由に使えない市民も徒歩圏内で日常生活に必要なサービスを享受できるものです。

　本市は2003年以降、「自動車利用を中心とした従来の拡散型のまちづくり」から大きく方向転換し、「公共交通を軸とした拠点集中型のコンパクトなまちづくり」を目指し、さまざまな施策に取り組んでまいりました。特に全国の自治体に先駆けて、2006年4月には本格的なLRTを導入し、既存の市内軌道を延伸した環状線の開業を経て、路面電車の南北接続が2020年3月21日に実現しました。

　本書では公共交通を軸にしたこれら一連の施策がどのような効果を持ち、民間事業者と共にどのような変化をもたらしてきたかを検討しています。また、将来あるべき姿に照らして現在の当市にどんな革新が必要なのかを考えるべく、事業構想大学院大学と共に「富山市事業構想研究会」を開催し、その議論と実践から生まれた、新事業のアイデアを論じています。

　今後、本市では、富山県内に限らず、首都圏をはじめ、さまざまな地域との連携を深め、公民共創の機会を増やしていきたいと考えております。富山100年の夢であった「南北接続」を達成した本年に、本書がその契機となれば幸いです。

2020年9月

富山市長　森　雅志

# 目　次

**第1章**

# 世界水準の「上質なまち」を目指して
## ──コンパクトシティ構想の理念

富山市長　森 雅志

# 1. 人口が“マイルドに減る”都市

　私が富山市長に就任したのは2002年1月のことでした。当時既に、2050年までに日本全体で人口が3,000万人減ると政府が推計していましたが、人口減少がかつて経験したことのない大変大きなイシューだとする行政や政治家はほとんどいませんでした。富山市の20年後、30年後の最大の課題は人口減少だと常に考えていた私にとって、これは大変危険なことだと思っていました。

　人口が減ると経済がシュリンクし、税収もシュリンクします。そして、それを少なくなる若者が負担していくということになると、そのような負担感のあるところにますます人は来なくなります。少子・超高齢社会が進行する中、首都圏をはじめとする大都市部では人口吸引力が維持される一方、富山市のような地方都市においては人口減少が地域経済の縮小を呼び、地域経済の縮小が人口減少を加速させる、という負のスパイラルに陥るリスクが高いのです。

　そこで、人口減少は避けられないにしても、マイルドに減るような都市構造にしたい。若い世代に負担感のない都市を作りたい。この志をもって、多くの方々の支持を頂き、富山市長に就任いたしました。そして、それを実現するビジョンが、「公共交通を軸とした拠点集中型のコンパクトなまちづくり」なのです。


# 2. 世界が評価するコンパクトなまちづくり

　私が市長に就任した当時、地方都市は既にバブル経済が崩壊しているにもかかわらず、郊外へと拡散する都市行政を行っていました。バスや路面電車といった公共交通を廃止し、自家用乗用車あり

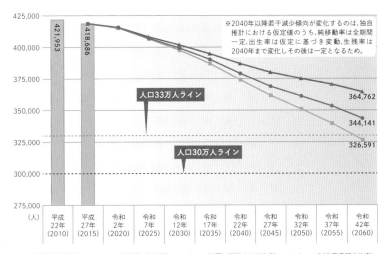

図I-I　富山市の人口推計とシミュレーション結果

出典：富山市提供資料

きの社会が作られていたのです。どこへ行っても道路を作り、渋滞が起こるからバイパス道路を作る。都心部は地価が高いため、郊外の農地を潰して住宅団地を作り、まちの中から若い世代が結婚するとそこへ引っ越していく。

　これは、車を使えない人にとって極めて生活しづらいまちをつくり、都心の空洞化による都市全体の活力低下と魅力の喪失を招きます。さらに、人口が減っていくのに、下水道も延び続けますし、ゴミを収集するエリアも広がり続け、都市管理の行政コストが大きくなります。あるいは高齢者に訪問介護をするにしても、バラバラの場所に一人ずつ暮らしているという都市構造よりも、一定程度固まって住んでもらうほうが、介護する方お一人が対処できる高齢者の数が増えますよね。同じようなことは教育や物流など、あらゆることに言えます。

また、一般に各自治体の税収の半数近くは固定資産税と都市計画税が占めているので、各自治体にとってこの二つの税目はものすごく大事です。ところがこの税の収入源の大半は不動産です。バブル崩壊後、多くの地方都市ではこの大事な二つの税目が減収し続け、財政構造が硬直化し、市独自の事業を実施したくとも、財源がなかなか拠出できなくなってしまいました。まちづくりをきちんとして、結果的に地価が上がって、新築のマンションとか住宅がたくさん建つと、税収が増えます。財政構造を硬直化させず、税率を上げることなく市民サービスの水準を落とさないために、遠回りに見えますが、まずは交通に投資をして、コンパクトなまちづくりをしようと考えました。

　そこで、当時は極めて無謀に思われましたが、①富山ライトレール（LRT）や市内電車の環状線化をはじめとした公共交通の活性化、②その沿線地区への居住推進、③中心市街地の活性化、という3つを同時に進めることを方針にしました。

　徒歩圏（いわゆる「お団子」）の中では、徒歩や自転車を日常的に利用し、「お団子」間は便利な公共交通（いわゆる「串」）で移動することによって、車が自由に使えなくても、生活に必要なサービスを享受できる、歩きたくなるまちづくり。これが、「公共交通を軸とした拠点集中型のコンパクトなまちづくり」です。言い換えると「農地のど真ん中に分譲地を作るようなことはやめましょう、駅の近くに分譲地を作りましょう」ということを発表したわけです。

　従って、富山市のコンパクトなまちづくりというのは、別の所に住んでいる人を腕力で集めてきて、ある場所に住みなさいというものではありません。公共交通の質を高めることで、車以外でも、中心地に来やすいようにするというものです。実際、市が掲げる居住

4

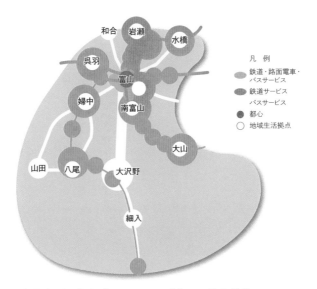

凡　例
- ● 鉄道・路面電車・バスサービス
- ● 鉄道サービス バスサービス
- ● 都心
- ○ 地域生活拠点

図I-2　富山市が目指す「お団子」と「串」の基本構造
「串」は一定水準以上のサービスレベルの公共交通、「お団子」は「串」で結ばれた徒歩圏を指す。

出典：富山市提供資料

推奨エリアの人口構成比の目標は42％（ビジョンを発表した就任当初は28％）であり、目標を達成しても58％は郊外に暮らすことになります。そもそも富山市では、市街地以外に、地域の拠点になっている地区が点在しており、コンパクトシティを実現するうえで、中心市街地に一極集中するような都市構造を目指すことは、あまり現実的ではありません。

　また、コンパクトシティの開発自体はゴールではなく、手段です。高齢化社会において、経済効率の高い方法でインフラ整備を行う手法であり、福祉政策でもあり、世代間のつながりの構築にとっても重要です。分野をまたぐ問題を一つにまとめることであり、単なる空間的な開発にとどまらないのです。

富山のまちづくりの歴史を語る森市長

　そういう取組を2003年からやってきた結果、少しずつ変わって
きて、気がついたら、大変ありがたいことに、次のような国内外で
高い評価をいただくことにつながっていました。最初に評価をいた
だいたのは環境分野でしたが、実は富山弁で申しますと、もっと
「よくたましい」（注：「強欲な」「厚かましい」の意を持つ）こと、
市の税収を増やすことを考えて取り組みを進め、結果的にいただい
た評価だったのです。

## コンパクトなまちづくりを実現するための３本柱

**❶ 公共交通の活性化**

**❷ 公共交通沿線地区への居住推進**

**❸ 中心市街地の活性化**

### 富山市が得ている国内外の評価

・環境モデル都市（2008年）

・環境未来都市（2011年）

・コンパクトシティ政策報告書 世界の先進5都市（経済協力開発機構［OECD］、2012年）

・エネルギー効率改善都市（国際連合SE4ALL、2014年）

・100のレジリエント・シティ（米ロックフェラー財団、2014年）

・SDGs未来都市（2018年）

# 3. 富山100年の夢叶う

　実はこの公共交通を軸としたコンパクトなまちづくりの一つの到達点が、2020年3月の路面電車の南北接続でした。それは、明治時代に行われた神通川を直進化させる工事に伴い、富山駅が移設され、それ以来、鉄道が富山市を分断し続けてきたからです。色々な事情があり、富山駅付近の鉄道の高架化は私が市長になってからやっと認められ、全部高架になったから路面電車を南北に貫くことができたのです。つまり路面電車の南北接続というのは、100年前から分断されていた富山市の中心部の南北分断を解消するという意

味で大変重要な意義があり、近代史における最も重要な都市計画事業でした。そういう意味で路面電車の南北接続は公共交通を軸としたコンパクトなまちづくりに不可欠な事業であるとともに、現在の富山駅ができて以来の夢でしたので、富山の「100年の夢」が叶った瞬間と言えるでしょう。

　これは、人々の生活にたくさんの選択肢を与えることになりました。富山駅の北側から南側へ行くのに、一度電車を乗り換えなくてもよくなると、通学や通勤がとても便利になり、通う学校や住む場所の選択肢の幅が広がりますよね。経営者の皆さまは、富山市であれば工場の近くに社宅を用意しなくてよく、自分たちの住みたいところに住み、車がなくても快適な生活を送れることを、魅力的であると評価してくださっています。また、車を使わなくてよいので、これからはコンサートを聴きに行って、お酒を楽しむこともできます。こういった、質の高い、人間らしい営みを行う人が増えていくはずです。

## 4. 相次ぐ成果
### ──税収増、投資増、シビックプライド向上

　公共交通を軸としたコンパクトなまちづくりを展開してきた結果、さまざまな面で成果が出始めています。税収は大幅に伸び、過去最高を記録。固定資産税と都市計画税は7年前との対比で11.5%も増えています。税収が伸びているからこそ、国の補助金頼りではなく、富山市として是非やりたい事業に投資を行うことができています。

　社会動態、つまり、一定期間における転入、転出に伴う人口の動

きを示す数値も、11年前から連続してプラスです。出生と死亡の差を埋めるほどにはなっていないので、人口減少は止められていませんが、マイルドな人口減少は実現できています。

　富山市への評価が向上し、民間企業の投資も活発になっています。富山駅が誕生した1908（明治41）年以来、水害や空襲と戦いながら、さまざまな都市計画事業が行われてきました。その結果、以前であれば富山への転勤は単身赴任も多かったかもしれませんが、今では、車がなくても移動でき、住みやすく、県外から家族連れで行くようなまちであると評価していただけるようになりました。そして、アステラス製薬が大きな工場を作られたり、富士フイルムが新しい工場や子会社を作られたり、三菱ふそうバスがバス製造を全部富山工場に集約すると発表されるなど、どんどん活発に投資してくださるようになりました。

　高齢者が増えている中での健康面でもとても素晴らしい成果が出ています。富山市では、交通事業者と連携し、65歳以上の高齢者を対象に、日中、市内各地から中心市街地へ出かける際に公共交通利用料を1回100円とする「おでかけ定期券」事業（第4章3-2で詳述）を行っており、高齢者の約24％が「おでかけ定期券」を所有しています。「おでかけ定期券」の月2日以上の利用の有無と1日あたりの歩数別に高齢者の医療費と介護状態を検証したところ、「おでかけ定期券」を利用している人のほうが、利用していない人よりも、明らかに医療費が少なく済み、また介護状態の維持（要介護度の上昇を抑制）にもつながるデータが示されました。交通政策と市民の健康維持が密接に関わることが数字としても証明されました。

　もっと素晴らしいことに、市民一人ひとりのシビックプライドが高まってきました。20年前だったら、富山市を訪れた方に対して

「いや、富山はもうね」なんて言っていた人が、今では「ぜひ来てください」なんて言います。あそこにこんな美味しいものがあるとか、時間はどれくらいあるのですかとか、そういうことをみんなが言うようになってきました。

## 5. 民間事業者との共創

　それでは、なぜ富山市はこのようなことができたのでしょうか。「公共交通を軸とした拠点集中型のコンパクトなまちづくり」というビジョンが明確だったこともありますが、重要なことは富山市だけで実現できたことではないということです。富山市が示す明確なビジョンに賛同してくださった、民間事業者・市民団体・大学などとの日頃からの情報共有と国内外の富山市への評価を積み重ねた結果、さまざまな方々と共創することができたことが大きかったのだと思います。

　実は、富山市の事業は地元企業からの寄附で成り立っているものが非常に多くあります。いい仕事をすると、それを応援したいと言って、地元だけでなく県外からも寄附が集まるんです。

　当然、寄附だけではなく、民間事業者の収益につながる形での共創もたくさんあります。代表的なものは、富山市の路面電車の事業です（第4章1-1、2で詳述）。公共交通の事業は、交通事業者が協力してくれなければできません。本事業は上下分離方式をとって事業者と協力しながら整備しました。広い意味での公民が連携して公共サービスの提供を行うスキームPPP（パブリック・プライベート・パートナーシップ：公民連携）で事業を進めることができ、現在に至っています。旧総曲輪小学校の跡地に2017年に設立した、

〈路線概要〉
○開業日：2009年12月23日
○延　長：約0.9km（環状線区間約3.4km）
○電　停：延伸区間に3箇所新設
○車　両：新型低床車両を3編成導入

富山市高架下で接続
（2020年3月）

環状線化事業

▲市内電車環状線（愛称：セントラム）

図1-3　市内電車の環状線化事業

出典：富山市提供資料

　「医療・福祉・健康」をテーマとした公民連携の交流拠点「総曲輪レガートスクエア」も大和リースのネットワークや知見を活用することによりできた事業です（第2章2-1で詳述）。例を挙げると、枚挙に遑<small>いとま</small>がありません。

　お金のやり取りではなく、民間企業と知恵やリソースを出し合う場合もあります。富山市が全国に先駆けて導入したシェアサイクルの仕組みがその一つです。こちらは駐輪スペースなどでの広告を富山市が認める代わりに、フランスに本社を置くシクロシティにシェアサイクルの運営を任せています。行きたい場所の近くのステーションへ行き、いったん自転車を返却、用事が終わったら自転車で移動してまたステーションへ返却するというものです。シェアサイクルは、自転車の利用料だけでは採算を合わせることが非常に難しい事業です。そこで、富山市と民間事業者の双方で知恵を出し合って、都市では前例がないということで判断が難しかった駐輪スペースでの広告を認め、その広告料でシェアサイクルを運営いただくと

いうことを富山市ではスムーズに実行に移すことができたと思います。

　また、富山市の世界に広がるネットワークを紹介するケースもあります。今ではSDGsの分野を中心に、富山市への世界からの期待が非常に大きいので、市内の企業の技術・経験を積極的に海外に紹介しています。例えば富山でエゴマを作って、エゴマオイルを売っているのですけれども、今、原料が足りません。それで富山の企業が、地震で水路が壊れてしまい、農業もできなくて困っていたネパールの農村で、4年前からエゴマの栽培を指導して、2020年は約20トン買います。エゴマを栽培することによって現金収入が生まれてくるのです。電気が不十分なインドネシアの島嶼国で小水力発電もやっています。バリ島ではコンポストも始まります。このように、行政と色々な業界・業態の人たちが日頃から情報共有しながら、富山市が接着剤や触媒になって、化学反応を大きくしていくことをますます進めていきたいですね。

　その一つとして、富山市と企業の関係だけでなく、企業同士での化学反応を生み出すために、シティラボという取組も始めます。日本の産業界は、ハイスペックな方向ばかりのイノベーションを志向していますが、そうではなく、既存の技術、既存の研究成果みたいなものが一緒に融合することによって生まれてくるイノベーションがあるだろうと考えています。それを各々の企業が自分のところだけで持っていて、何かいいものに使えないかな、と思っています。30代から40代の若手・中堅の社員を集め、企業や組織の壁を壊すことで新しいものが見えてくるような空間を提供したいと考えています。そこでは、お酒も飲んだりして話ができる。富山市外の企業の方にも参加していただいて、このようなことも始めていきます。

# 6. より上質なまちの実現へ

　このように一つの到達点を迎えはしましたが、富山市として最終的に目指していることはまだ先にあります。それは、市民一人ひとりのクオリティオブライフ（QOL）をどう高めていくかということです。これからの時代は、QOLを測る指標というものの中に、一般に言われているものにはない、もう少し上質なものを見ていかないといけないと思っています。そこが今後の課題です。

　例えば、女性や子ども、身体障がい者と一緒に歩くときは、歩道側に彼ら彼女らが歩いて、車道側は自分が歩くとか。エレベーターを待っていたら、彼ら彼女らに先に乗ってもらうとか。ドアを開いておくとか。そういう当たり前のことをできるような社会にしたい。

　他にも、乳幼児連れの親御さんや高齢者など、交通弱者に配慮をした設計を工夫しています。例えば、ベビーカーの車輪が小さくても振動しないで行けるような歩道のあり方を考案しました。また、高齢化の時代、富山駅南口の整備では、あえて歩道橋（ペデストリアン・デッキ）を作らずに、平面的に移動できる設計としました。こうして、歩道橋などがなるべくなく、垂直移動の少ない道、つまり路面電車や自転車、タクシー、バスなどの二次交通に垂直移動しないで乗り換えられるのです。

　また2012年から実施している「花Tramモデル事業」は、華やかで明るい空間を演出し、「花で潤うまち」を創出するため、指定の花屋で花束を購入し、路面電車などに乗車された方々の運賃を無料化するものです。屋外広告物も趣味がよく、ゴミがない。そのような社会を目指していかなければならないのだろうと思いますね。そのためには自分自身がそういう生き方をしなければなりません。

花Tram モデル事業

# 7. テクノロジー・データが
   生活の質を高める

　持続可能な社会のベースアップと、上質な社会を実現するため
に、最新のテクノロジーも取り入れていきたいと考えています。例
えば、まちなかの色々なデータをセンシングして可視化し、それを
民間事業者が使っていくことによって、より上質な社会を実現する
ことを目指しています。

　既に富山市はIoTに使われることの多い、無線通信技術の一つで
あるLPWAで、居住人口の98.9%は網羅しています。ここまでのカ
バー率は全国でも類がないものです。データを定点観測するには十
分対応できる仕組みです。例えば上流部分に雨量計を置くことで、
市役所にいても時間雨量がわかるので、数km下の河川に水位計を

つけておけば、今3cm上がったとかそういったことが分かるようになっています。徘徊高齢者もすぐ見つけることができるようになると思いますし、農業も効率化できます。

　道路データのプラットフォームも用意していきたい。工事の場所と期間に関するものや、小学校の児童の行動ログ、県警の不審者情報、消防の火災処理情報、渋滞に大きく関わるイベントの情報が集まれば、子どもや高齢者がより一層安心して暮らせる社会が作れますし、交通渋滞に煩わされることも無くなります。

　このデータは、民間事業者に使っていただき、彼らが得たデータを市政に生かしていく。つまり、「フィジカル空間のコンパクト化とサイバー空間のスマート化」を実現します。路面電車を中心としたフィジカル空間はコンパクト化してきましたので、次はサイバー空間のスマート化をするということです。ここで得られるデータを活用した実証実験を行いたい企業からたくさんの問い合わせがきています。

　以上を踏まえ、2020年度に力を入れるものを二つご紹介します。一つは首都圏の大手電機メーカーと連携した顔認証です。富山駅や空港といった交通の拠点から地元のホテル、お寿司屋さんをはじめとした飲食店まで、顔認証を使って決済できるようにすることで、スマートで満足度の高い観光を提供できるようにします。もう一つは、東京のベンチャー企業が提供する、訪日外国人向けのAIチャット・コンシェルジュ・サービスの導入です。富山市にも多くの外国人観光客にお越しいただいていますが、彼らがなるべく言葉で不自由することなく、行きたい場所に行けるようにしたい。どちらも、民間事業者から提案があったものです。よく自分のまちだと反対する人がいると言う方もいらっしゃいますが、富山市はビジョ

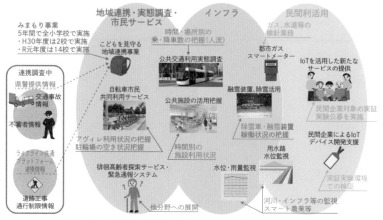

図I-4　富山市が目指すスマートシティのイメージ

出典：富山市提供資料

ンの実現に向けて色々積み重ねてきたので、そのようなことはあり
ません。

　私は2019年の6月に、2021年4月の今任期限りで引退することを
発表しました。そのときに、「もう僕らの時代じゃない」と申し上
げました。これからは上質な社会を実現するためのベースとしての
人間力があって、そのうえでこういったテクノロジーを使いこなす
ことが不可欠になるはずです。

（2020年2月）

第2章

# コンパクトシティ政策が
# もたらした産学民の変化
## ──コンパクトなまちづくりと
## エコシステムの構築

# 1. コンパクトなまちづくりと
## エコシステムの構築

事業構想大学院大学 准教授　重藤 さわ子

## 日本におけるコンパクトシティ政策とは何か

　地方自治体による「コンパクトシティ」政策は、人口減少・高齢化が進行し、持続的な行政運営が危うくなっていくことが予想されるなかで、「積極的に」縮小都市を見据えて都市経営を転換していく手段の一つといえよう。2050年を見据えた国土づくりの理念や考え方を示した『国土のグランドデザイン2050～対流促進型国土の形成～』（2014年）では、今後急速に進む人口減少と高齢化による危機が示され「特に地方都市においては、地域の活力を維持するとともに、医療・福祉・商業などの生活機能を確保し、高齢者が安心して暮らせるよう、地域公共交通と連携して、コンパクトなまちづくりを進めること」の重要性が示された。

　その後は特に、行政計画に「コンパクトシティ」を盛り込む自治体が増えた。しかし、牧瀬（2019）が指摘するように、国の政策の影響を受けて取り組む自治体のコンパクトシティ政策は、今後の人口減少と高齢化によって直面する行政運営の危機に対し「まちをコンパクト化していく」という目標を設定することで、その持続可能性に望みをつないでいるにすぎず、その地域にとっての「コンパクト化」とは何か、すなわち、何をコンパクト化し、それによって、地域にどのようなポジティブな変化をもたらしたいのか、具体的なゴールを描くことができていないことが多い[i]。

　本来、コンパクトシティ政策は、人口減少・高齢化による縮小都市においても地域の生活の質の向上や住民福祉の増進が実現できる

ようにしていくための政策であるはずだ。ただし、そういった具体的なゴールが十分共有されず、前述の国土のグランドデザインでも定義された「都市機能や居住機能を都市の中心部などに誘導し、再整備を図るとともに、これと連携した公共交通ネットワークの再構築を図る」という都市機能のコンパクト化計画や開発が先走ると、市民の自由の制約や犠牲を伴いながら行財政を効率化していくための口実にすぎないのではないか、といった誤解や疑念を招きかねない。

　では、コンパクトな都市構造が成立することのメリットは何か。谷口（2019）は、その代表例として、生活利便性の確保、環境負荷の削減、社会基盤の有効活用、行政運営の効率化、地域活性化、健康まちづくりの促進、自然環境の保全、公共交通の経営基盤の改善、交通弱者への配慮などを挙げる[ii]。また、それらの正の効果はそれぞれ独立しているわけでなく、相互に関係し合っており、コンパクトシティ整備に伴う効果は、間接的に、しかし重層的に実現していくものであることを図2-1のように表している。

　このように、人口減少社会においては、都市の構造をコンパクトにする、という方向に政策を転換していくことはごく自然のことのように思われる。だが、我が国ではなかなかうまくいった事例はない、と言われている。というのも、我が国においては、高度経済成長以降、多くの地方都市において、「車社会」に対応した道路ネットワークの整備や郊外住宅地の整備などによって住宅地が広範囲に広がり、その動きに多くの自治体は、なすすべもなく容認姿勢をとってきた。その結果、人口の郊外への移動、大型商業施設や病院、福祉施設、学校などの公的機関の郊外展開も進み、都市機能の郊外分散が進展し、既成市街地の空洞化や中心市街地の機能の衰退

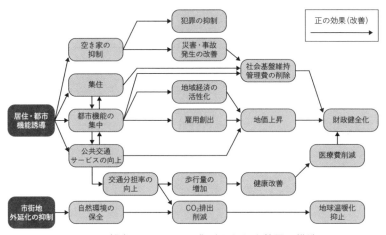

図2-1　都市のコンパクト化がもたらす効果の構造

出典：谷口（2019、14）

を招くこととなった。

　それを一転、今後の人口減少・高齢化時代を見据え、既に郊外へと分散してしまった都市構造を、既存市街地へ都市機能を集積すると同時にそちらへ居住誘導を図ろう、というわけである。当然郊外には、人々の生活やさまざまな活動が存在しているわけで、それを改めて集約化し都市構造を再生・再編する、ということは、多くの自治体にとって、これまでに経験したことのない難題である。当然2～3年で目覚ましい成果が出るものではなく、それゆえ、「次の選挙までに成果を並べたい政治家にとっては材料にならない政策の代表例」（谷口2019、3）とも位置づけられてきた。

### 富山市の先進性

　こういった通念を覆してきたのが富山市である。特に、森雅志市長が2002年に就任した後は、富山市にとってのコンパクト化の意

義や定義を明確にし、コンパクト化がもたらす地域特有の効果の構造を見極めたうえで、政策の構想（ビジョン）が描かれた。そしてまず、その計画・開発の先にある効果（直接的ではなく間接的で重層的な効果も含め）を、役所内、住民ならびに多様な地域のステークホルダーとも地道な対話を重ね、共有していった。地域全体としてコンパクトなまちづくりに取り組んでいける「エコシステム」の構築までを見据えて、コンパクトシティ政策という難題に取り組んできた富山市は、その先進地として、国内外の評価を受けるに至っている。ただしそれは、実に20年近くの年月をかけて取り組まれてきた結果である、ということを忘れてはならない。

　国のコンパクトシティ政策推進の動きとしても、2014年には各自治体が既存市街地へ都市機能を集積するための立地適正化計画を策定することができる「立地適正化制度」も導入され、「地域公共交通の活性化及び再生に関する法律」もあわせて改正されるなど、コンパクトシティ政策を支える制度の整備も進んでいる。その結果、2017年の段階で全国の過半数の市町村が都市構造をコンパクトにするための計画を「策定済み、策定中、もしくは計画中」と回答するに至っている（谷口、2019）。

　ただし、我が国ではいまだに都市機能拡大のための開発をよしとする風潮が各所に残っているなかで、コンパクトシティ政策に取り組む、ということは、これまでの常識を覆していくことでもある。それには当然時間がかかるわけであるが、コンパクトシティ政策を、このように中長期にわたり取り組むべき地域の課題と認識し、覚悟して取り組んでいる自治体はどれほどあるだろうか。

　近年、コンパクトシティ政策を進める青森市の象徴としても位置づけられた、市街地の複合商業施設が経営破綻したことから、それ

をコンパクトシティ政策の失敗や限界と結びつけて論じる傾向もある（牧瀬、2019）。ただし、第1章で森市長も「コンパクトシティの開発自体はゴールではなく、手段です」と述べておられるように、青森市の場合は、その手段、すなわち開発が適切であったのか、という観点で論じられるべきであり、コンパクトシティ政策自体の是非が問われるべき事象ではないだろう。そもそも、官主導の箱モノ開発ありきの地域活性化の限界は、これまでも盛んに論じられている。前述したように、今後確実にやってくる人口減少・高齢化時代を見据えれば、都市の構造をコンパクトにしていくことのメリットは計り知れず、そのための「手段」については、欧米諸国に比べ、都市のコンパクト化に向けた取り組みの歴史や経験の浅い我が国の場合には、さまざまな試行錯誤があって当然である。

　したがって、我々が先進地域の事例から学ぶべきは、その「手段」としての都市計画やそれに基づいた目先の開発よりもむしろ、地域のコンパクト化の先に目指すべき地域のビジョンを定め、政策構想を描き、戦略的に中心市街地の開発や公共交通の整備を進めながら、事業推進のための地域「エコシステム」を構築していく、その長い道のり、つまり「まちづくり」のプロセスそのものだろう。

　そこで、ここでは、富山市のコンパクトなまちづくりの歴史を、「富山市の近代化における3つのまちづくり－百年の夢の実現－」とまちづくり年表（表2-1）[iii]、日本都市計画学会発行の「都市計画」で富山市での日本初の都市計画マスタープランを論じた特集論文[iv]をもとに、振り返ってみたい。

## 富山市のまちづくりとコンパクトシティ政策

　富山市の「まちづくり」としての先進性は、戦時中まで遡ること

ができる。富山市は、1945年8月1日深夜から2日未明の大空襲により市街地のほぼ全域が焦土と化した。にもかかわらず、その日（2日）中に、知事と市長が対応を協議し、政府の指示に先駆け、戦災応急措置を実行したことは驚くべきことである。また、全国115の戦災復興都市計画の第一号認可を受け、城址大通りと平和通りを中心街路とする、新しい富山市街地の骨格ができた。旧城下町は、戦前には地権者の同意が得られず、整備が進まなかった地域である。それが、復興に向けて一丸となった市民の理解や不断の努力で、区画整理が実現されたのである。そして、戦後20余年を経て、富山市は近代的な県都として復興を果たした。

　ここで再び、富山市は都市計画において、先進性を発揮することとなる。当時の都市計画はまだ、県が主体で都市開発・整備の土地利用区分設定を中心に進めていくことが主流であったなかで、もっとミクロで地域の将来、「あるべき像」に基づいた「市町村主体の計画」があるべき、と考える東京大学高山英華研究室の働きかけのもと、1966年に日本初の都市計画マスタープランともいえる「富山市都市開発基本計画」を完成させたのである。その計画策定の中心メンバーとして作業にあたったのは、のちに、東京大学、長岡技術科学大学教授を歴任し、地域・コミュニティ目線での都市計画技法の必要性を論じ、都市計画の新しい潮流づくりに尽力された、森村道美助手（当時）であった。

　その計画の主要目標は以下の4項目[v]である。

①地方中心都市の魅力…住民にとっての住み心地、昼間就業者・訪問者にとっての都市としての魅力・富山らしさ。

②有効な市街地の開発…市街化区域の画定と一定規模以上の集中的な市街地開発を行い、無秩序な細分化された宅地・農地の混在の

防止。

③自動車利用のための交通形態…歩行者優先の原理を組み込んだ、自動車利用のための交通形態の実現。自動車道路網と個別の歩行者優先路の独自の計画が不可欠。

④生活環境の創造…マイナス面の排除のみならずプラス面の向上も。各種地域施設の配置には有機的な関係を。

　これは、現代のコンパクトシティ政策の目標としても十分読み替えられるものである。ただし、市町村独自のマスタープランが義務付けられたのは、1992年の都市計画法改正からである。「富山市都市開発基本計画」は、考え方自体は市の総合計画などに引き継がれたものの、計画としての具体性を持たなかった。結局、市街化区域の画定については、地権者の意向を受け、想定の規模を大幅に超えた市街化区域設定が行われ、さらに市街地の外延部を想定して配置された外郭環状線（草島線）の外側の土地利用計画が不備だったこともあり、地域広範に農地を介在しながら無秩序な開発がモザイク状に広がっていった。結果、2000年ころには、地方都市のなかでも突出した自家用車に依存した拡散型のまちになり、中心市街地の衰退にもつながっていった。

　そして、いよいよ、コンパクトシティ政策の登場である。前述したように、1992年に都市計画法の改正により、都市計画マスタープラン（都市マス）が法的な位置付けを持った。1993年から富山市も都市計画マスタープラン策定に向けて検討することになったが、そのときには、全国でも有数の拡散型のまちとなり、中心市街地の衰退と空洞化が深刻となっており、専門家からは、これからはまちを広げたり道路を増やしたりする時代ではない、という指摘があった。また、都市マス策定の準備にあたったメンバーの興味は中

心市街地の再生にあり、法的根拠をもつ都市マスの正式策定は先送りにし、これからの中心市街地はどうあるべきか、コンパクトな核を形成するにはどうしていくべきか、といった検討や議論にかなりの時間が費やされ、その考えが1999年策定のマスタープランに盛り込まれた[vi]。また、1999年に小渕総理（当時）が富山県訪問中に「歩いて暮らせるまちづくり」構想を打ち出し、モデル都市の募集が開始されたが、富山市も2000年に「歩いて暮らせるまちづくり」のモデル都市として採択され、コンパクトシティと中心市街地活性化の検討が行われることとなった。

　そして、2002年に森雅志市長が初当選してから、富山市は本格的にコンパクトシティ政策へと舵を切っていくこととなる。特に、2005年に、富山市総合的都市交通体系マスタープランができると、すべてのまちづくり計画に「公共交通を軸とした拠点集中型のコンパクトなまちづくり」のコンセプトが貫かれることとなった。

　また、富山市のアプローチとして特徴的なことは、規制強化や郊外居住を否定するのではなく、いかに都心部の魅力を高め「誘導」していくか。また、旧富山市都心部だけのまちづくりではない、鉄軌道を中心とした公共交通幹線の沿線に地域拠点を整備し、旧町村を含めて、全市的にコンパクトなまちづくりを展開していくことで、全市民が「コンパクトなまちづくり」のビジョンを共有できるようにしていったことである。また、市長自ら、市民にコンパクトなまちづくりの必要性をタウンミーティングで説明するとともに、そのようなまちづくりを実現するための政策の柱を①公共交通の活性化、②公共交通沿線地区への居住推進、③中心市街地の活性化、の3つに定め、そのためのモデル的な事業を次々進めていった。

　コンパクトシティ政策は、とかくその目玉となる「開発」や「箱

表2-1 富山市のまちづくり構想・計画・公共交通に関する年表

| フェーズ | 年代 | 項目 |
|---|---|---|
| 戦後<br>復興期 | 1945.8.1 | • 富山大空襲（深夜） |
| | 1945.8.2 | • 富山県知事と富山市長が県庁で対応を協議し、国に先駆けて応急措置決定 |
| | 1945.9 | • 富山市役所に復興部を新設し、復興審議会が設置される |
| | 1945.12 | • 国から復興都市計画事業の認可（第1号） |
| | 1947 | • 復興都市計画事業（約300万坪→約170万坪に調整）（～1966） |
| | 1963 | • 富山空港開港（1984ジェット化） |
| | 1964 | • 富山高岡新産業都市指定 |
| 都市の拡散と<br>郊外開発型<br>まちづくり | 1966 | • 富山市都市開発基本計画立案（日本初都市計画マスタープラン）<br>• 都市計画道路網大規模見直し都市計画決定 |
| | 1968 | • 新都市計画法制定<br>• 富山市総合計画（第1次）策定 |
| | 1971 | • 市街化区域設定 |
| | 1984 | • 富山テクノポリス指定 |
| | 1985 | • 富山市新総合計画策定 |
| | 1987 | • 駅南地区更新計画 |
| | 1988 | • 中心地区更新計画 |
| | 1996 | • 中核市へ移行（第一次）全国12都市 |
| | 1998 | • まちづくり三法制定 |
| コンパクトな<br>まちづくり | 1999 | • 富山市都市マスタープラン制定 |
| | 2000 | • 「歩いて暮らせるまちづくり」のモデル都市採択<br>• 富山市公共交通活性化基本計画策定 |
| | 2002 | • 森雅志市長就任 |
| | 2004 | • 富山市コンパクトなまちづくり研究会報告 |
| | 2005 | • 富山市総合的都市交通体系マスタープラン策定<br>• 富山市まちなか居住推進計画策定<br>［コンパクトなまちづくりの理念］ |
| | 2006 | • 富山ライトレール（ポートラム）開業 |
| | 2007 | • 中心市街地活性化基本計画（第1期）第1号認定 |

| | 2008 | • 富山市都市マスタープラン（合併後）改定<br>• 環境モデル都市　第1次選定（全国6都市） |
|---|---|---|
| | 2009 | • 市内電車環状線（セントラム）開業 |
| | 2010 | • 自転車市民共同利用システム（アヴィレ）開始 |
| | 2011 | • 環境未来都市　第1次選定（全国11都市） |
| | 2012 | • 中心市街地活性化計画（第2期）認定<br>• OECD『コンパクトシティ政策報告書』で世界の先進5都市の一つに取り上げられる |
| | 2014 | • 国連SEforAllからエネルギー効率改善都市に選定（全国初）<br>• ロックフェラー財団から100のレジリエント・シティに選定（全国初） |
| | 2015 | • 北陸新幹線開業 |
| | 2018 | • SDGs未来都市　第1次選定（全国29都市） |

出典：京田（2013）、富山市（2020）をもとに筆者が作成

　モノ」建設に焦点が行きがちである。ただし、拡散型のまちづくりが進行・常識化してしまった多くの地域では、「まちをコンパクトにしていく」という正反対の方向に舵を切っていくことの意義や価値、また「コンパクトなまちづくり」とは何か、という具体像をいかに地域全体として共有し、さらにその推進を支える体制がつくれるのか、というところに最大の困難があるように思われる。富山市でも、これまで論じてきたような、将来のあるべき姿を見据えた都市計画の先進的な土壌があったとはいえ、市の内部でも、その共有と意識変革には10年かかった、と述べられている[vii]。ただし、官組織全体が意識変容し、「コンパクトなまちづくり」という共通の目標に向かって動き始めると、その変容は産学民にも波及し、地域全体としてコンパクトなまちづくりに向けた土台とセクターを超えた協働体制が構築され始める。実に長い道のりではあるが、実効性のあるまちづくりを進めるうえでは、欠かせないプロセスとして認識

されるべきである。

## コンパクトなまちづくりに向けた「エコシステム」の構築

　「エコシステム」は、本来は、生物学の「生態系」を意味する言葉である。このエコシステム概念を経営戦略や組織間関係など、ビジネスの議論に初めて適用したのは、ジェイムズ・ムーアであろう。実務家でもあるムーアは、1993年に『ハーバード・ビジネス・レビュー』誌に寄稿した論文のなかで、生態学におけるエコシステムと同様に、ビジネスにおける競争が「単一企業間の競争から企業間ネットワークの競争へと移行」しつつある状況があり、その分析視座として、「ビジネス・エコシステム」の概念を提唱した[viii]。そして、企業を特定の産業のメンバーではなく、多様な産業を横断するビジネス・エコシステムの一部と捉えた場合、企業は相互の競争的かつ協力的な作用を通じて「共進化」するもの、とし、そのビジネス・エコシステムこそが、新しい価値やイノベーションを生み出すのだと論じた。

　近年、地域においても、新産業創出や技術革新のための地域イノベーション支援政策として、「エコシステム」概念が適用されることが多くなっている。ただしそれは、自治体や企業、大学といった「産官学」の連携により産業創出や企業支援を地域で促進するシステムづくりを行おう、という狭義の視座である。そこには生活者や市民が主体の「地域づくり」という視点はなく、トップダウンによる従来型のクラスター政策の色合いが強い。しかし、佐野淳也が論じるように、本来「エコシステム」は、トップダウンで形成されるものではなく、その政策の先にあるビジョンやミッション、価値観を地域内で共有することにより、「自発的に」地域の様々な主体が、

セクターや領域を超え協働し、その変化を社会や地域全体に広げていくネットワーク全体の働きをいうものであろう[ix]。すなわち、「ビジネス・エコシステム」で議論される「産官学」の連携による新産業創出といった狭義のイノベーション視座を超えた視座が求められていると言える。

　そういった文脈で捉えると、富山市のコンパクトシティ政策は、従来のまちづくりの手法では解決できなかった（否、従来のまちづくり手法であったから生じた、ともいえる）諸問題に対し、まちづくりの方針を「コンパクト化」へと大転換し、制度や文化も含む、社会の仕組み自体をも大転換していく、地域社会のイノベーション（ソーシャル・イノベーション）を目指すものであり、この20年は、その実現に向けた「エコシステム」構築のためのたゆまぬあゆみであった、と言えよう。

## 2.　産学民の変化

　この20年を経て、富山市では、コンパクトシティ政策の効果も市民に目に見える形で現れてくるとともに、環境モデル都市や環境未来都市、国連のエネルギー効率改善都市、米国ロックフェラー財団の100のレジリエント・シティに選定されるなど、国内外の評価も経て、市民一人ひとりのシビックプライド（自分の地域への誇りや愛着）の高まりも確認できているという。また、富山市が目指す、コンパクトなまちづくりのビジョンやミッション、価値観は、地域内外の様々な主体に共有され、民間事業者や大学等の取り組みにも変容をもたらし、確実に「エコシステム」の構築につながり始めている。本節では、そのような民間事業者の取組を紹介する。

## 2-1　小学校跡地を「医療・福祉・健康」の交流拠点に

大和リース

大和リース富山営業所
統括所長
粕谷昌浩氏

　少子高齢化や地方の過疎化によって人口構成が変わると、必要とされる公共施設もおのずと変わってくる。こうした現象は全国共通であり、緩やかに人口減少が進む富山市も例外ではない。市中心部であり、富山城のすぐそばにあった旧総曲輪小学校の跡地の活用法をめぐっては、さまざまな議論がなされた。

　富山市が公共交通を軸としたコンパクトなまちづくりを進める中でのポイントは、中心市街地の機能充実。市民に一番役に立つ機能は何かを突き詰め、「医療・福祉・健康」をテーマとした公民連携の複合施設「総曲輪レガートスクエア」を作ることが決定され、2017年4月1日にオープンした。

　旧総曲輪小学校の跡地活用を進めたのは、大和リースを代表企業とするグループだ。大和リースは、商業施設やPPP/PFI事業などを中心に培った中心市街地開発の知見と、子育てや福祉に力を入れる富山市の方針を踏まえ、小学校跡地を「医療・福祉・健康」の交

流拠点とすべく、富山市の公共施設である「富山市まちなか総合ケアセンター」（33ページ写真）を軸に据えた。そして、学校法人青池学園と連携し、理学療法士や作業療法士など医療介護の人材を育成する富山リハビリテーション医療福祉大学校と、富山調理製菓専門学校を開校。さらに、スポーツクラブ、カフェ、立体駐車場、市民が多目的に活用できるギャザリングスペースも設置され、地域コミュティの推進機能を設けた。

## 30年後を見据え、公民連携で質の高いライフスタイルを実現

　「総曲輪レガートスクエア」の中でも、富山市が運営する「富山市まちなか総合ケアセンター」は地域包括ケアの拠点として、乳幼児から高齢者まで、行政サービスを一元的・包括的に提供。コンパクトシティ化の到達点として「暮らしの質を高める」ために高水準な機能が設けられている。主なものとしては、医師と看護師が常駐して24時間365日在宅医療を提供するまちなか診療所。日本初の試みである保育士と看護師が保育園までお迎えに行き、かかりつけ医に診てもらったうえで預かる、お迎え型のサービスも行う病児保育室。産後うつ予防を狙いとして、助産師が常駐し、ホテルのような宿泊施設とサービスで、出産直後の母子の心身のケアや育児サポート等を行う産後ケア応援室。児童の発達支援や、地域で暮らせるように障がい児と保護者の支援を行うこども発達支援室などが設けられている。

　このように、「総曲輪レガートスクエア」は30年後の市民の視点を取り入れた先駆的な設計がされており、施設開設直後から地域内外の評価が高い。日経BP総研が実施した調査によると、2018年度に自治体職員・議員による視察の受け入れ件数が多かった事業の上

位にランクインするなど、全国的な注目を集めている。このような
事例が生み出された背景には、大和リースが全国でPPP/PFI事業
に取り組むなど、全国的なノウハウを持っていることが大きい。大
和リースは大和ハウスグループの企業として、全国の幅広いネット
ワークを利用して行政単独では難しい事業者同士のマッチングな
ど、コストダウンだけでなく、質の高い提案を行ったことが、この
ような取り組みにつながっている。

　「総曲輪レガートスクエア」事業を担当する大和リース富山営業
所の統括所長である粕谷昌浩氏は、「富山市では、施設をつくるだ
けでなく、民間ならではの知見が求められます。当社も通常の請負
工事ならば公共施設の建設だけで終わりますが、民間施設の誘致な
どの提案を加えています。その際、市の意向、市の求める課題、
サービスを第一に考えています。民間の知見を取り入れた選択をす
ることで、市民の満足度も上がりますし、市の不動産価値も高まり
ます」と、公民連携の意義を話す。

### 路面電車南北接続で広がる 公民連携のチャンス

　「総曲輪レガートスクエア」では近年、市内のNPOや地域企業と
連携し、「医療・福祉・健康」を軸にさまざまな地域貢献の形を見
せ始めている。例えば、NPO「まちづくりスポット」は、住民と
NPO、企業が協働して、少子高齢化や過疎化など、社会を取り巻
く課題の解決と地域コミュニティを活性化する活動を展開してい
る。そこでは、中学生を対象とした就労プログラムや富山大学生の
インターンシップ受け入れ、イベントの実施ほか、富山市健康コン
シェルジュサービス事業を受託し、富山市が注力する「歩く」こと
での健康増進を狙いとしており、単なる福祉施設を超えた、新しい

総曲輪レガートスクエア内 富山市まちなか総合ケアセンター

人の動きをつくる施設にもなっている。

　また、市には全国で唯一、ガラス作家を育成する公立の富山ガラス造形研究所があることを活かし、研究所の生徒の作品を展示できるスペースを施設内に設けている。このことで、「ガラスの街とやま」のPRにも貢献している。

　このように行政単独では実現できなかったアイデアが、市のコンパクトシティ政策に連動して次々と実現されている。事業展開の知見を有する企業と共に取り組めば、今後富山市には更なる地域貢献・事業開発のチャンスがあるはずだ。粕谷氏は今後に向けた意欲をこう語る。

　「富山市がコンパクトシティ政策を行ってきた結果、民間の再開発の後押しになっています。色々な補助金を出す、そういったものが呼び水になって、民間企業の投資意欲も上がっています。大きいのは5年前に新幹線が開通したこと。そこからの観光インバウンド、交流人口が増えていることです。2020年3月に完成した富山駅路面電車南北接続事業で、今後は人の流れが劇的に変化し、中心市街地もさらに活性化するのではないかと考えています。駅の北側の開発も活発になると思いますので、大和ハウスグループとして事業領域・強みを考え、総合的に富山市に更に貢献していきたいですね」

## 2-2　多様な人をつなげる コミュニティ運営

GPネットワーク

GPネットワーク
理事長
橘 泰行氏

　全国の中心市街地活性化は、行政が主体となり「中心市街地活性化基本計画」が策定され、同計画に基づいた様々な事業が展開されている。しかし、残念ながら中心市街地の空洞化が止まらない地域は少なくない。そこで、富山市ではコンパクトシティ戦略を実施するなかで都心の賑わい創出の取組の一つとして「まちなか賑わい広場（愛称：グランドプラザ）」を整備し運営している。

　こうした行政主導のハードの整備はもちろん大切なことであるが、まちの賑わいを生み出すうえで忘れてはならないのは、まちの主役は市民であるということ。その主役である多様な世代、多様な職業、多様な価値観を持つ様々な市民たちが、舞台であるまちに混在し、お互いに関わり、認め合いながら、新たな文化や歴史を生み出していく取組を実践しているかが肝要なのではないだろうか。

　このソフト面での取組をリードしている団体のひとつが特定非営利活動法人GPネットワークである。富山市のまちなかを活動エリ

アとして、賑わい創出のための自主的なネットワークづくりを促進させる事業・イベント開催に不慣れな市民等への助言や助力・住民主体のまちづくりを学習する機会の創出等を、仲間や行政と連携し実践している。これらの活動が市民同士の交流を促進し、パブリックライフを豊かにすることでまちなかの賑わい創出に寄与しているようだ。

理事長を務める橘泰行氏は、「みなさんにまちを好きになって欲しい、そういった気持ちですべての事業を行っています。ただ人を集めてイベントをやっても意味はありません。まちを楽しみ、まちが好きになるような機会を仕掛けています」と想いを語る。

## 出張者と地域住民の交流の場にも

賑わいを創出するために、暮らしを豊かにするセミナーの開催、スパイダーマンをゲストに迎えてグランドプラザの屋根清掃を行うなど、世代を問わず楽しめる機会を仕掛け続けるなかで、10年以上にわたって継続し同組織を代表する取組になっているのが「カジュアルワイン会」だ。当初は1回につき5名程度の参加であったが、現在は40〜50名ほど集まる人気の定期交流会となっている。毎月第2木曜日にグランドプラザで開催されており、参加者は地域住民からビジネスパーソン・高齢者から学生までと幅広い。

モデルにしているのは、スペインをはじめとしたヨーロッパで生まれたバルである。バルは、朝・昼・夜と時間帯に関係なくコーヒーやお酒を飲んだり軽食をとったりしながら、様々な人々が集まり芸術から政治にいたるまで多様な話題を楽しむ交流の場であり、生活の一部である。「様々な人と会話をすることが大切で、必ず知らない人の隣に座るように、刺激を感じ合えるように心がけてコ

ミュニティを仕掛けています。例えば、富山市には県外からの出張者も多く訪問されますが、その中には、仕事以外でも様々な人と交流を図りたいと想っている人が少なくありません。そうしたビジネスパーソンにも、地域の様々な人と知り合いになってもらい仕事以外のつながりや楽しみを増やせるよう心がけています」

　実は、お酒を提供するこうした交流イベントは大都市圏では数多く行われているのと比較すると地方都市では圧倒的に少ない現状がある。その背景には、地域ごとの特性もあるが、共通して言えるのは移動手段がマイカーであることではないだろうか。富山市ではコンパクトシティ戦略の中で、路面電車をはじめとした公共交通の充実もはかっており、お酒を飲みながらの交流を楽しんだ後、マイカーを運転せずに帰宅する選択肢ができているのだ。

　そして、こうした積み重ねは中心市街地の活性化にも役立っているようだ。最近は「モノ消費からコト消費へ」と言われているが、「これからの活動の起点で大切なのは"ひと"ではないでしょうか」と橘氏は語る。ただモノを購入するだけであれば、郊外の大型店やインターネットでこと足りるが、その場に行ったら、自分の知り合いがいるということは中心市街地の強みであり、地域のコミュニティがその強みの醸成に一役買っているのではないだろうか。

**多様な価値観との出会いが、新しい富山を創る**

　また、橘氏は建築土木事業を手がけるアール・タチバナ株式会社の専務取締役も務めており、非営利事業で生まれたカジュアルワイン会のような場が直接的ではなくとも自身の事業のアイデアにもつながっていると語る。実際、アール・タチバナは、2019年には「廃棄物に『+デザイン』歴史と資源を受け継ぐ資源循環の取組」とい

グランドプラザ

うテーマで、解体時に発生する柱や天井の建材、椅子・机の家具等
の一部を、デザイン性に優れた新たな建材や家具に再生する事業が
評価され、環境省グッドライフアワードの「SDGsビジネス賞」を
受賞し、持続可能な社会づくりに向けた日本屈指の新しいプロジェ
クトを行っている。こうした柔軟な発想の誘発に、多様な価値観を
持った人たちとの定期的な交流が役立っているようだ。

　GPネットワークの今後に向けて、橘氏は次のように意気込みを
語る。

　「様々な価値観・職業・世代と社会には様々な人がいて、お互い
に認め合うことから、富山の文化とか歴史、新たなまちづくりの実
践が生まれていくといいですね。いまは市内で展開していますが、
将来的には他の地域に赴いてカジュアルワイン会などを企画しネッ
トワークを広げ、富山市のさらなる発展につながる出会いの場をつ
くっていきたいと考えています」

## 2-3　企業と地域をつなげ、質の高い生活の実現へ

富山市民プラザ

富山市民プラザ
専務取締役
京田憲明氏

　富山市が限られた財源・社会資源の中で、各種の政策課題に対応するためには、従来の縦割り的な政策・施策ではなく、包括的な連携政策・施策の展開が必要となる。第3セクターとして、多様な主体と連携しながら、公共交通を軸とした拠点集中型のコンパクトなまちづくりの実現に寄与しているのが、株式会社富山市民プラザだ。

　富山市民プラザの設立は1987年。当初は富山市が保有する土地を借用し、1989年に公共施設と民間施設が入居する複合施設として「市民プラザビル」を建設し、管理・運営する不動産賃貸業を行っていた。近年ではまちなかの賑わいを創出する事業に力を入れるようになり、2019年に、同じく富山市の第3セクターとして中心市街地の活性化を手がける「まちづくりとやま」と合併した。「まちづくりとやまは、広場（グランドプラザ）を起点としたまちなかの賑わいづくりや農産物販売所の運営、コミュニティバスの運行など幅広く事業を展開していましたが、自主財源を持たない会社だと

いう弱点がありました。一方で、富山市民プラザは不動産賃貸業による安定した収入があります。このたび、両者が合併することで、コンパクトシティに役立つ取組をより幅広くスピード感をもって実現できるようになりました」と、専務取締役の京田憲明氏は話す。

　この2つの企業が合併したことにより、コンパクトシティ戦略につながるさまざまな取組が実現できるようになった。

　富山市で生産活動を行う生産者が直売会員となって設立された、富山市農林産物アンテナショップ「地場もん屋総本店」もその一つだ。富山県は米の生産が農業の中心であり、野菜の生産・販売が全国最下位であった。このことから野菜産出額向上と食材の地産地消を目的として、まずは小規模でも農家に野菜を生産してもらおうと設立された。これまでは、財源が不足しており、効果的な誘客の取組ができずにいた。しかし、財源が充実したことで、来店した人々に対し、駐車場のパーキング料金を無料にするなど、来店しやすくする仕組みを作っている。

　また、中心市街地を走るコミュニティバス「まいどはやバス」では、特定の場所で降りる乗客は無料で降りられるチケットを配布することで人の流れを変える施策を講じたり、まちなかの空きビルを富山大学の準学生寮に変え、中心市街地と若者の接点を作るよう構想したりするなど、次々と新しい取組を行おうとしている。

　「純粋に民間で行いますと、リスクが高く、利益も得難いことでも、富山市民プラザの資源と組み合わせるとできるかもしれません。ほっといたらできないこと、頑張ればギリギリできることは、なんでもやっていきたいと思っています」

## 地域内外の企業とつながり、新しい価値を創出する

　富山市民プラザは、自社だけで新しい取組を行うだけでなく、民間企業との共創も積極的に行っている。コミュニティバスの沿線上にあり、約30年前に誕生した地元のショッピングセンターであるアピアショッピングセンターとは、同施設がただ物を売るだけでなく、年金事務所や高齢者が休める場所、リタイアした高齢者の生涯学習の拠点となっていることに着目し、高齢者を対象としたイベントを共同開催するなど、連携を開始している。その他近年は、富山市がスマートシティの取組を進めていることもあり、新しいITを活用したソリューションを地域に実装したいという相談も増えているという。今後はさらに、富山市民や来訪者に対して質の高いサービスを提供し、地域内外の企業との連携を強化していきたいと京田氏は語る。

　「富山には元気な製造業者がたくさんありますが、サービス業は他の地域と比べて強くないように感じています。富山市民プラザとして『生活価値創造』というキャッチコピーを掲げていますが、富山市も目指す生活の質を上げる、生活を楽しむというところでは、やれることはまだまだたくさんあると考えています。そういったものを提案していただける企業と、地域をよく知る富山市民プラザが連携しながら、新しいことが始められると面白いですね」

　京田氏が具体例として挙げたのは観光分野。今は、出張者の多くは、ただホテルに泊まって仕事を終えた後はすぐ帰ってしまっている。

　「こうした出張者に対して、ホテルと連携しながら、全国チェーン店ではない、富山の人たちが好きな店、お勧めできる店をご紹介して、地元を活性化してはどうかと考えました」

高齢者の生涯学習拠点となっていることに着目し、イベントを外部と共同
開催

　そのほかにも、生活の質を高めていく、文化芸術に関係するよう
な事業など、地域内外の民間企業と連携していきたいという。

　自治体にとって財務的なリスクとなっている企業も少なくない第
3セクターであるが、富山市から自立した財源に基づき、市の政策
を強力に後押ししている。行政予算のスケジュールに縛られること
なく、スピード感を持って、PDCAサイクルを回しながら、富山市
のコンパクトシティを推進する富山市民プラザが打ち出す新たな取
組に期待が高まる。

## 2-4　シクロシティ　富山からシェアサイクル文化を発信

シクロシティ×エムシードゥコー

エムシードゥコー
富山営業所
澤田祐介氏

　富山市では、路面電車を中心とした公共交通を補完する二次交通
としての機能や、まちなかでの短距離・短時間利用を期待し、2010
年に全国に先駆けてコミュニティサイクル「アヴィレ」を本格導入
した。貸出・返却先となる自転車ステーションは、中心市街地等の
歩道上を中心に23箇所設置されており、地域住民ならびに観光客
の足として浸透している。

　このコミュニティサイクルの発想は、フランスに本社を構える
JCDecaux（ジェーシードゥコー）のものだ。同社の主力事業は、
広告やビルボードなどの屋外広告分野であり、ストリートファニ
チャ事業では世界最大手の規模を誇る。広告が添加されたバス停上
屋は、誰もが一度は実物を見たことがあるだろう。同社がストリー
トファニチャの1つとして行なっているのが、コミュニティサイク
ル事業。世界69都市でシェアリング事業を運営し、合計42,000台
以上の自転車を提供し、この実績も世界第1位だ。環境意識の高い

ヨーロッパにおいて、コミュニティサイクルの普及を牽引してきた。

　もっとも、バイクシェアリング事業単独では、自転車および駐輪場、バイクシェアリング事業を運用するためのシステムを整備し、維持するには莫大な費用がかかり、採算が合わない。そういった中で、「広告」と「コミュニティサイクル」を掛け合わせたモデルは、利用者への価格と自治体の費用負担を最小限にし、最大限の品質・サービスを提供できる。こうした特徴から、コンパクトシティを推進する富山市の目に留まり、日本で初めて導入されることになったのだ。

## 富山市だからこそ実現できたモデル

　日本では、都市景観の保持に関する法令や条例の関係で、公共空間に広告を設置した収益モデルを作ることは本来難しい。だが富山市は、同市が掲げるビジョンを実現するのであれば、と広告収入を原資としたPPP（官民連携）による民設民営の事業形態をとることで全面的に支援を行ない、上述のスキームを実現してみせた。

　それは、ジェーシードゥコーの子会社として富山市でコミュニティサイクル事業を行うために設立された「シクロシティ」と、日本の広告付きバス停等を運営するために40都市で実績を持つ「MCDecaux（エムシードゥコー）」が富山市と密に連携しながら、富山市のコミュニティサイクルを運営するというものだ。

　具体的には、シクロシティが、自転車やステーション等のハードウェアの整備やコミュニティサイクル事業の運営（ハードウェア等機器のメンテナンスや清掃）、登録受付やコールセンター設置、車道面の一般広告販売を担い。さらに、エムシードゥコーが、屋外広告事業を展開し、広告料を収入源として、自治体、バス事業者、市

民の負担無しにバス停上屋の製造設置から維持管理事業を展開。それを富山市が、ハードウェア購入費やシステム導入、工事費など初期投資に対する支援、屋外広告物の掲出の許可、広報・PR活動の協力を行うことで支援している。

エムシードゥコー富山営業所の澤田祐介氏は、「富山市のコンパクトシティ施策と当社の取り組みはリンクしています。富山市が目指す公共交通を軸としたコンパクトシティの柱となる路面電車の利用が増えれば、シェアサイクルの利用者数も増えていきます」と期待を寄せる。

## スマートシティのインフラへ、更なる発展を見据える

アヴィレの利用をみると、2010年の事業開始以来、利用回数は年々増加しており、2018年には延べ利用回数が1年間に77,296回と2010年の約2倍に増加しており、「市民の足」として定着しつつある。更に北陸新幹線の開業以降、観光目的による1日周遊パス・2日周遊パスの利用も増加している。実際、利用者へのアンケート結果からは、アヴィレの導入で、中心市街地の短距離移動需要に対して、新しい交通手段が提供され、既存の公共交通を補完していることが分かる。

また、収益源となっている広告パネルの半数である30箇所に防犯カメラが設置され、地域の犯罪抑止や危機管理体制の向上につなげるという、こうして、広告×コミュニティサイクルという枠を超えた取り組みも始まっている。

「広告パネルの歩道側には地図情報や市政に関する情報を掲載させていただいていますが、車道側は商業広告を掲載しています。広告設置を特別に許可する市との協力関係がなければ実現しません。

自転車市民共同利用システム「アヴィレ」

自転車やパネルへのイタズラ防止のために防犯カメラを設置していますが、交通事故や事件等が起きた際には、映像データを警察へ提供し、地域の安心安全に貢献しています」

　日本全国でスマートシティ、サービスとしての移動交通（MaaS）への機運が高まる中、一つの事業単独では収益化に結びつかないことが多い。こうした中で富山市ではビジョンを達成するためであれば、課題が多いことを理由に他都市では取り組まないことにも積極的に挑戦し、先進事例を積み重ねている。こうした背景から、今後ますます、富山で生み出されたビジネスモデルが全国の都市に展開されていくことが期待される。

## 2-5 「地域消費」と「公共交通」を同時活性化
## 地域MaaS実現へ

NEC

NEC PSネットワーク
事業推進本部
スマートシティ/
エリア事業グループ
マネージャー
村田 仁氏

　地方都市において、自家用車は必要不可欠であるという常識を覆し、公共交通の整備と中心市街地の充実を並行して進めることで、車がなくとも生活しやすい環境を整備してきた富山市。同市では、さまざまな交通手段の中からその都度必要なものを選んで使う次世代交通サービス「MaaS（マース）」の実証実験を公募し、10年後、20年後も見据えながら、公共交通を活用した商業・観光の活性化を実現しようとしている。

　その仕組みづくりを民間企業としてリードしているのはNECだ。NECは2020年2月に、富山市と「都市のスマート化に関する包括連携協定」を締結し、同市をフィールドに、単に移動を便利にするだけでなく、テクノロジーを活用して、人を動かす先進的な挑戦を行っている。

　NEC PSネットワーク事業推進本部 スマートシティ/エリア事業グループ マネージャーの村田仁氏は「移動の手段としてのMaaSは

全国的にも珍しくありませんが、私たちは経済循環をさせるための
"地域MaaS"を実現したいと思っています」と話す。

## 目的を作らないと地域にお金は落ちない

　余暇に公共交通を活用して、商業・観光を楽しむ人はどれほどい
るだろうか。現在の交通に関するサービスは、時間が最短であるこ
とや、価格が安いこと、乗り換えの回数が少ないことを条件に検索
できるようにし、移動手段を最適化している。しかし、これでは、
たとえ時間に余裕があったとしても、寄り道をするようなことは起
き得ない。つまり、ただ移動手段を便利にするMaaSを整備して
も、利用者目線に立っていない取り組みは利用されない。NECで
こうした点に着目したことを踏まえ、村田氏は「移動には"目的"
があるはずで、外出をしていただく"目的"がないと人は動きませ
ん」と語る。

　こうした背景からNECでは、2020年1月に、①鉄道・バス・レ
ンタサイクル・徒歩などのマルチモーダル検索、②店舗の満空席情
報や地域のイベント情報などのプッシュ通知、③利用者の登録情報
に基づき、おすすめの観光スポットを提示。行き帰りの地点と時
刻、観光スポットの回遊にかかる所要時間を考慮した最適ルートを
提案、④LoRaWANを活用し、位置情報は、全路面電車にLoRa通
信を利用するGPS発信器を設置して、店舗にはLoRaを利用したス
イッチを配布、予め決めておいた内容（例えばタイムセールなど）
の発信のタイミングを店舗に委託、という4つの機能を持つアプリ
「（仮称）おでかけコンシェルジュ」を開発。市民や来街者120名に
協力を仰ぎ、行動に変化が生まれるのか、実証実験を行った。

　その際に、「我々だけではできないので色々なステークホルダー

に入っていただき、情報を価値に変えていきたい」と村田氏。出張者や観光客などに寄り道を促すためには、彼らが行きたくなるような情報をリアルタイムに発信する必要があり、これを実現するためには、街のステークホルダーを巻き込み、発信する仕組みを用意した。その一つが、富山市に整備されたLoRaWAN（第2章2-6で詳述）を活用し、セールやテーブルに空きがあることをアナウンスするボタンを地域に配り、発信できるというものだ。将来的にはTwitterで発信している情報を収集し、AIで学習し、発信することや、同じベクトルを向く店舗が連携して共同でイベントを開催するようなことも考えている。

　結果として、出張者の移動データを見ると、店舗のおすすめ情報をサービスアプリへプッシュ通知することにより、普段出張者は駅前での行動が中心となるところが、中心市街地である総曲輪や、日本酒「満寿泉」シリーズで知られる桝田酒造店の店舗がある岩瀬地区まで足を伸ばすようになるという結果が得られた。今後も発信する情報の改善を図ることで、出張者の時間に余裕がある場合、飛行機を1便遅らせたり、電車を1本遅らせたりしたうえで、公共交通を使って、地域を回遊させ、滞在時間を伸ばすことで、消費を増やすといった効果が期待できそうだ。


## 富山型地域MaaSを全国へ

　NECは地域MaaSの実証実験を行うだけでなく、内閣府による戦略的イノベーション創造プログラム（SIP）にも参画し、富山市をフィールドに、市民・来街者の公共交通を利用した回遊性の向上や地域消費拡大を促し、コンパクトなまちづくりに資する分野横断的サービスを実現する、スマートシティを実現するうえでのデータ

おでかけコンシェルジュアプリ画面

出典：NEC提供資料

横断に向けたデファクトスタンダードづくりに取り組んでいる。

　「富山市は他の街に先んじてコンパクトシティ施策に取り組んでいて、ハード面でも路面電車や、今まで収集できなかったデータを集める際に必要となる無線ネットワークであるLoRaWANも整備しています。我々はここ富山市で実証実験をさせていただき、その後は他の都市にも展開していきたいと考えています。先進のコンパクトシティで実証させていただくことに非常に魅力があります」と村田氏。スマートシティのルールづくりや、全国で利用できる先進モデルを富山市から生み出そうとしている。

　コンパクトシティを一貫して推進してきた実績と他都市よりも積極的にハード面に投資をしてきた富山市。今後も、富山市の資産と、NECが得意とする顔認証技術を活用し、交通と商業・観光を組み合わせた、地方創生に貢献するビジネスが創出されていくだろう。

## 2-6 富山市と共にスマートシティを推進

インテック

インテック
行政システム事業本部
窪木 顕氏

　富山市ではICTを活用して都市機能やサービスを効率化・高度化するスマートシティの実現を目指している。災害に強いまちづくり、SDGsの実現を見据え、将来的な防災や交通、医療、教育、製造業等あらゆる分野をより良くするための施策として、市内のさまざまな情報を収集するセンサーネットワーク環境を構築している。

　この富山市の取組を支える民間企業の一つが、1964年に富山市に創業したインテックだ。現在も富山市に本社を置く同社は、全国のさまざまな産業でICTを活用した顧客の事業展開を行っており、創業以来、富山市の行政事務にも携わってきた。現在は、富山市のスマートシティ政策を推進するために市が構築した「富山市センサーネットワーク」の保守業務や、市が行う富山市スマートシティ推進協議会の開催、実証実験への参画や企業募集の支援等を行っており、富山市と一体となってスマートシティを推進している。

## 居住エリアの98.9％をカバーするIoT用の通信ネットワーク網

　富山市のスマートシティ政策で特徴的なことは、居住エリアの98.9％をカバーする通信ネットワーク環境と、当該ネットワークから収集された情報を管理するためのIoTプラットフォームを自前で保有している点だ。このネットワーク網はLoRaWAN（LPWA：Low Power Wide Areaの規格の1つ）を採用しているが、これは消費電力を抑えて遠距離通信を実現する通信方式としてIoTに活用されることが多い。

　2018年度、富山市は居住エリアのほぼ全域をカバーする形で、防災無線柱、学校や地区センター等の市施設を中心に、約100本の受信アンテナからなるネットワーク網を構築した。同時に、当該ネットワークを介して各種通信デバイス（センサー）が人や物等の移動情報や、河川の水位や気温等の環境情報等を集約し利活用できるIoTプラットフォームをクラウド上に整備した。このネットワーク網と、IoTプラットフォームからなる「富山市センサーネットワーク」を活用する事で、市全域におけるスマートシティ化の推進を目指している。

　インテック行政システム事業本部の窪木顕氏は、「センサーネットワークは構築しただけでは意味がありません。このネットワークを活用してどのようなデータを取得し、どのようなサービスを提供するかが重要となります」と語る。

　例えば、センサーネットワークを活用した事例の一つとして「こどもを見守る地域連携事業」がある。こども達にGPSセンサーを貸与して、こどもの登下校の実態をビッグデータとして収集し、富山大学の大西教授と共同で解析・「見える化」している。その結果、洗い出された危険個所等を各小学校やPTA、自治振興会などの地

域住民と共有することで、こどもの見守り等に役立てている。この事業はGPSセンサー約1,200台を使用して2018年度にパイロットで2校実施。今後5年ほどかけて市内65校全てで実施する計画だ。

　他にも、豪雪地帯ならではのソリューションも生まれつつある。「今は雪を融かすための消雪ポンプ盤に異常がないか確認する作業は、市民からの問い合わせや定期巡回などにより、富山市の職員が現地に足を運んで行っています。それでは初動が遅れるため、現在は消雪ポンプ盤に遠隔監視装置をつける実証実験を3箇所で行っているところです。今後、市全域の消雪ポンプ盤の稼働状況がインターネット上で可視化されれば、現地に向かうことなく異常を検知し、迅速な対応ができるようになります」

　インテックではこうした取り組みを富山市と推進するため、2018年度は富山の生活を快適にするためにテクノロジーの活用を提案する「Code for Toyama City」と富山市が共催したアイデアソンを協賛した。また、2019年度は富山市が公募したセンサーネットワークを活用した民間事業者向け実証実験公募事業を支援し、採択された23件の事業をサポートすると同時に、実証事業者としても参画している。採択された案件には、医療や介護、エネルギー、農業、防災等さまざまな分野のものがあった。

## 実装が重要

　全国に類を見ない規模でセンサーネットワークを整備し、IoTの導入によるスマートシティ化の推進を行っている富山市での取り組みだが、窪木氏はこれからが重要と語る。

　「本事業は実証実験で終わりではなく、実装して初めて成功か否かが問われます。消雪ポンプ盤や河川水位の監視も実証実験の段階

富山市内でのセンサーネットワーク実証実験の模様

出典：インテック提供資料

であり、市が行っている既存業務がIoTを活用した業務へ完全に移行して初めて成功と言えます。また、富山市が管理する河川の溢流が心配な時、スマートフォンで状況が確認できるようになって初めて、市民がIoT等の近未来技術の便利さを実感できるようになるでしょう。

　2019年度に開始された民間事業者向け実証実験公募への支援を始め、今後は当該事業に参加した実証事業者とともに地域におけるスマートシティ化の推進に貢献したい。

　Society5.0におけるスマートシティ化のためには、実装されたサービスやデバイスが地域社会に役立つものでなければなりませんし、事業者にもメリットがないといけません。これからもたくさんの事業者に応募していただき、今まで関わりのなかった企業が一緒

にセンサーネットワークを活用した新しい取り組みを行うことで、一つひとつは小さなことかもしれませんがイノベーションを起こしていきたいですね」

IoTやビッグデータの分野で他のどの都市よりも先駆けて新しいことに挑戦する姿勢を示す富山市。現在は国・自治体・企業がスマートシティの実現を目指しているが、実証実験段階に留まっており、そのほとんどで実装に際しての課題が残っている。先駆的に行われているスマートシティ実現に向けた取り組みがいち早く実装され、全国に展開されるモデルとなることに期待したい。

# 3. 地域の大学への波及
## ──都市デザインを考える

富山大学

富山大学
都市デザイン学部
学部長
同 大学院理工学教育部
教授
渡邊 了氏

富山大学は2018年春に都市デザイン学部を設立した。学際融合教育を積極的に行い、SDGsを核としながら、持続可能な地域づくりのための人材育成が行われる。コンパクトシティとして国際的に

も評価される富山市で、地域の歴史や文化の独自性を踏まえながら「デザイン思考」のプロセスを踏んで地域の課題を見つけベストな解決策を見出す力が養われている。

## 持続可能な地域づくりの担い手を育成する

　文部科学省が国立大に改革を促すため、収入の柱である運営費交付金の一部について傾斜配分制度を導入した。これにともない富山大学は、地域活性化の中核的拠点になることを選んだ。18歳人口が減少に転じるなど大学経営を巡る環境が厳しさを増す中で、2018年の春に都市デザイン学部を新設した。近年、新学部の設立は稀なこと。また、教養教育の一元化を図るなどして、学内の融合を進めている。

　「社会が人口減少や高齢化などの事態に直面する中で、都市デザイン学部は持続可能な地域づくりについて、学部の枠を超えた学びの核を担うことになりました」

　こう話すのは、富山大学都市デザイン学部の渡邊了学部長。これまで富山大学は、学部や学科ごとに地域とつながりを持ってきたものの、学部間や学部内での連携、学びに関しての連携は活発ではなかった。これからは大学全体で地域に貢献するために、都市デザイン学部がハブの役割を担っていくという。

　21世紀の急激な社会変化に対して、都市をデザインするとはどういうことなのか。

　「人口減少や高齢化などの問題は、学部の専門だけでは扱えるものではありません。我々の役割は、人口減少・高齢化の問題を全学的に考える場や雰囲気を作ることだと思っています」

　社会を取り巻く問題は山積しており、例えばジェンダー平等の実

都市・交通デザイン学科では、都市と交通を支える建設技術の基礎知識を身につけるため、富山グランドプラザでのまちなか授業で、森雅志富山市長による講義を受けたり、城川原車庫などを見学した。

現などの課題にも、ほかの学部の教員に意見を聞くなど、総合大学の人的資源を最大限に生かしたい考えだ。またこれからの都市環境は、インフラ整備よりも地域の自然や歴史、文化、産業に根ざしたものが求められる。

「地域の問題に対してクリエイティブなアイデアを導き出す人材を作りたいと考えています」

都市デザイン学部の教育の柱となるのは「デザイン思考」（クリエイティブなアイデアを出すための方法論）である。これは観察、分析、発想、試作、評価の5つのプロセスを繰り返す思考法だ。

「特に『観察』に特徴があります。世の中を観察して課題を見つけたときに、本当の目的、人の幸せはどこにあるかを考えて発想につなげていきます。デザイン思考は、深く掘り下げて、楽しいものを目指したり創造的でベストな解決策を見出すための方法なので

す」

　都市デザイン学部の授業は、他分野の人間の知識や経験を互いに融合しながら、チームで共創していくという特徴もある。地球システム科学科、都市・交通デザイン学科、材料デザイン工学科が垣根を越え、3学科連携のチームで課題解決を図ることで、専門分野における基礎学力を確実に身につけるだけでなく、都市デザインに必要な知識の全体像を総合的に学んでいける。

　今、他学部との連携は、本格的な実施に向けた助走段階にある。2019年になって、都市デザイン学部3年次の授業、「全学横断PBL（プロジェクト・ベースト・ラーニング）」の開講に向けた公開シンポジウムが実施されたところだ。授業は全学部の学生を対象としており、地域の課題に対してグループを作り解決にあたることから、各学部の授業を紹介してもらうことでこの授業の方向性を探っているという。学際融合教育に対しての動きは始まったばかりである。

## 先進的なまちづくりを進める 富山県、富山市をフィールドに

　学生たちの学びの実践フィールドになるのは、富山県、そして富山市である。富山市は市街地に路面電車を走行させるなど、公共交通を軸とした拠点集中型のコンパクトなまちづくりを進めてきた。2008年には国の「環境モデル都市」、11年には「環境未来都市」に選定され、14年には米国ロックフェラー財団から「100のレジリエント・シティ」（100RC）に日本で初めて選ばれるなど、国際的にも取り組みが認知され、高い評価を受けている。現在「LRTネットワークと自立分散型エネルギーマネジメントの融合によるコンパクトシティの深化」が自治体SDGsモデル事業に選出されており、これまで以上に、まちづくりを深化させながら持続可能な付加価値

富山をフィールドとしての授業が積極的に行われており、地球システム科学科では、呉羽山や立山、北陸地方整備局富山防災センターを訪れている。

創造都市を目指している。

## 学びの核はSDGs 一部は富山市との連携も

　都市デザイン学部の学びの核となる「持続可能な地域づくり」は未来を見据えて行われる。学びのキーワードとして力を入れていくのが「持続可能な開発目標（SDGs）」である。17の目標のうち、もっとも重視するのはSDG11「住み続けられるまちづくり」だ。

　都市デザイン学部では、SDGsの推進に向け、富山市の要望を受けた中高生向けの取り組みも展開することになっている。2019年1月には中学・高校教諭を対象としたプレワークショップを行った。

　渡邊学部長は「高低差4,000mという変化に富んだ自然環境に暮らしているものの、富山県民は自然災害に対しての防災意識が低く、富山では大きな災害は起きないと信じ込んでいる人もいる。気候変動にともなう環境変化によって、台風や集中豪雨など、近年は大きな災害が日本各地で起きているのに」と警鐘を鳴らす。地域の

人々の防災意識を高める方法を考え、日ごろから自然災害のリスクに備える防災・減災社会の構築を目指すのが、地球システム科学科の課題の1つになっている。

北アルプスが迫り、何本もの急流河川があるという自然環境においては、今後も国直轄の砂防工事を継続していかなければならない。また最新の活動に不明な点もある呉羽山断層が身近にあるという意識を持つことも必要なことだ。

材料デザイン工学科は、富山県の基幹産業であるアルミの価値を探り、デザイン思考から新たに世の中に提案できるアイデアを見つけようとしている。

「これまでインフラ整備に用いられる構造材といえば鉄鋼が主。しかし将来的なまちづくりを考えれば、長寿命インフラが必要となります。耐久性に優れ維持管理コストの低いアルミは有効です」

リサイクル性やメンテナンス性が高いので、構造材など建設土木分野での需要を増やし、資源循環のプロセスにのせてしまえば、持続可能な地域づくりにとって有効な素材になっていける可能性があるという。

富山大学は学内にアルミニウムの研究者が多く、緊密な連携のもとで1つの課題に総合的に取り組む体制ができている。富山県内のアルミ産業との協働により、学術産業の間にある難題を乗り越える産学連携研究が既に実施されている。

そして富山市の都市政策を理解しながら、地域づくりのあり方を考えるのが都市・交通デザイン学科だ。富山駅前広場やグランドプラザといった場所が近くにあることで、先進的な都市・交通計画や地域創生等の幅広い知識について国際水準の学びと研究を行える。また地域の文化や歴史の資源といった複合的な要素を踏まえなが

ら、豊かな都市の未来を描くプロセスを学んでいける。

## 女性が活躍できる社会づくりと地域の人びとの幸福度向上

　「『住み続けられるまちづくり』に次いで重視しているのは、SDG5『ジェンダー平等を実現』です。富山県は20歳代女性の流出率が高く、このことも人口減少に繋がっています」

　2018年12月にスイスにある国際機関「世界経済フォーラム」が女性の社会に対する参加機会がどのくらいあるかという、ジェンダー格差指数を発表している。その中で日本は149カ国中110位。順位を下げるひとつの要因が、女性の政治参加。女性の国会議員比率は13.7％と少ない。女性の閣僚比率は20人中1人なので5％。そして女性の医師はOECD加盟の35カ国の平均が39％だが、日本は最下位の20％。数字が、日本における女性の社会に対する参加機会の低さを象徴している。

　「女性の活躍を進めることは、すぐに結果が出せることではありません。目標値を設定しながら、女性管理職の比率を上げるなど、長い目で少しずつ変えなくてはいけません」

　ただ、いくらデザイン思考でクリエイティブなアイデアを導き、課題に対してベストな解決策を導いたとしても、結局は地域で暮らす人々が楽しさや豊かさを感じなければ、そこで暮らし続けることはできず、持続可能な地域づくりも叶わない。地域の人たちの幸福度の増進に対し、何ができるか。答えのない課題を考え、デザイン思考の繰り返すプロセスの中で考え続けなくてはいけない。

（季刊『環境会議』2019春号より加筆修正）

# 4. よりよい地域社会へむけて

　本章では、富山市のコンパクトシティ政策は人口減少・高齢化時代を見据え、一旦拡散してしまったまちをコンパクトに転換していくことにより、より人々が暮らしやすく、幸福感を感じることのできる地域社会を実現していくための、たゆまぬあゆみであったことを確認した。富山市でも、それは平たんな道のりではなかった。しかし、地域の将来あるべき姿を広く市内で共有し、その実現に向けて、まずは市の組織全体が意識変容し、その変容が産学民にも波及し、地域全体としてコンパクトなまちづくりに向けた土台とセクターを越えた協働体制が確実に構築され始めている。

　なお、コンパクトシティ政策について、多くの自治体には、いまだ人口減少と少子高齢化で直面する行政運営の危機を脱するためのカンフル剤的な幻想があることは否めない。昨今、ICTなどの情報技術を駆使したスマートシティ政策が脚光を浴びているが、これについても、都市が抱える課題解決や効率化を重視するあまり、同様の傾向があることに留意したい。国・自治体・企業のスマートシティ事業の多くが実証実験段階にとどまっている、と言われるが、そういった背景も影響しているのであろう。

　欧米で注目されるスマートシティの先進地域は、コンパクトシティの先進地域としても知られていることが多く、都市の中心部は歩行者中心の「多様な人々が集い、歩いて楽しめる」空間づくりが徹底している。そこに貫かれているのは、人を中心とした、上質な生活空間を提供するまちづくりであり、あくまでもそれを支えるための情報技術・ハイテクなのである。富山市においても、いち早く実装を見据えたスマートシティ施策に取り組んでいる。富山市は、

日本でも数少ない、コンパクトシティ政策の先進地域であり、「よ
り持続可能で、人々の生活の質や幸福に結びつける」というまちづ
くりの理念がしっかりと貫かれている地域である。このような地域
で、様々な先駆的な取り組みがいち早く実証・実装され、まちづく
りの理念とともに、他地域へ広く展開されていくことを期待したい。

《参考文献（第1節）》

i 牧瀬稔（2019）「岐路に立たされる自治体のコンパクトシティへの期待」（山口幹幸編
著『「コンパクトシティ」を問う』）、プログレス

ii 谷口守（編）（2019）『世界のコンパクトシティ　都市を賢く縮退するしくみと効果』
学芸出版社

iii 富山市（2020）『富山市の近代化における3つのまちづくり－百年の夢の実現－』

iv 京田憲明（2013）「46年前、日本初の都市計画マスタープランを持った都市の歴史－
富山市都市開発基本計画」（特集　金沢・富山―その歴史と今後の展望）都市計画62
（1）：14-17

v 森村道美（1998）『マスタープランと地区環境整備　都市像の考え方とまちづくりの
進め方』学芸出版社、54-55

vi 蓑原敬、今枝忠彦、河合良樹（2000）『街は要る！―中心市街地活性化とは何か』学
芸出版社

vii 京田憲明、木村陽一、山下倫央（2015）「富山市におけるコンパクトなまちづくりの
背景」（特集　公共サービスにおけるイノベーション創出のキーワード）サービソロ
ジー2（1）：34-39

viii Moore, J.F.（1993）"Predators and Prey: A New Ecology of Competition." *Harvard
Business Review*. 71（3, May–June）.

ix 佐野淳也（2020）「内発的発展論としての地域イノベーションとエコシステム」同志
社政策科学研究21（2）：87-100

第3章

# コンパクトなまちづくりの「エコシステム」と事業構想

—— 富山市事業構想研究会の
ねらいとその成果

# 1. 富山市事業構想研究会が目指したもの

事業構想大学院大学 准教授　重藤 さわ子

## 1-1　富山市の次の20年を見据えて

　富山市のコンパクトシティ政策は、郊外拡散型まちづくりの方針を「コンパクト化」へと大転換し、制度や文化も含む、社会の仕組み自体を大転換していく、地域社会のイノベーションを目指すものであり、富山市のこの20年は、その実現のための「エコシステム」構築に向けたあゆみであった（第2章1で詳述）。また、戦後の富山市のまちづくりは、奇しくもおよそ20年が一つの節目になっている。

　では、富山市の今後の20年はどうあるべきだろうか。

　富山市事業構想研究会は、当初、富山市のこれまでのコンパクトシティの成果を、特に首都圏により広く周知し、富山市の評価向上を図る、といった目的で計画されていた。ただし、富山市のコンパクトシティ政策は、国内外にも十分評価されているものであり、シビックプライドも向上している、という。更なる評価向上も重要ではあるだろうが、評価向上の先に何を期待するのか、といった点で、富山市のご担当職員の方とも随分議論を重ねてきた。

　富山市のこれまでの20年は、地域全体としてコンパクトなまちづくりに向かえるような、土台の整備とセクターを越えた協働の働きかけを、あえて言うならば、森市長のリーダーシップのもと、官主導で進めてきたフェーズであった。そして、この20年で、コンパクトなまちづくりに向けた、ビジョンやミッション、価値観が地域内で共有され、第2章で見てきたように、様々な主体の活動が

「コンパクトなまちづくり」に向けて変容してきただけでなく、それらの主体がセクターや分野の垣根を越えて協働できる体制、すなわちエコシステムも出来つつある。これは大いなる成果である。

　これまでの富山市の取り組みや成果を改めて発信し、次のフェーズとして目指すべきは、地域内外の様々な主体が、当然のように、富山市が目指すビジョンや価値観を共有しながら、様々な主体が自発的・内発的に、セクターや分野の垣根を越えてパートナーシップを組みながら地域社会のイノベーションに資する事業に取り組むようになること。また、それらが相互作用し、共進化し、さらに更新されていく状態。すなわち「内発的地域発展」の文脈としての、本来あるべき「エコシステム」の構築に、いかにつなげていけるか、であろう。

　ここで、「内発的発展」については、都市計画の分野ではあまり論じられることのない理論であるため、以下に概要を記す。というのも、「内発的発展」は専門家のなかでも「外部の人や動きをシャットアウトして、独立・自立して社会経済的発展を追い求めていく論理」あるいは「政策論や地方自治を拒絶する論理」としての曲解や批判が存在してきた経緯があるからである。しかし、決してそうではなく、地域としての開放性を持ちながら、地域イノベーションを推進する地域主体をいかに内発的に生み出すか、という点においても、「エコシステム」論にも適用すべき、非常に重要な概念である。

　我が国の内発的発展論には、大きく分けて鶴見和子を中心とした「社会運動論」としての内発的発展論と、宮本憲一の「政策論」を中心とした内発的発展論との二つの系譜がある。鶴見和子は、玉野井芳郎などの「地域主義」を引き継ぎ、地域住民の自己変革と主体

性を重んじることを中心に論じ、近代化モデルと内発的発展モデルとの関係を、(1) 社会運動としての内発的発展、(2) 政策の一環としての内発的発展（地域の住民が自発的に作り出した運動を政策のなかに取り入れること）、と分けた[i]。同時に、鶴見は、政策に取り入れられた場合、「自律的地域精神の形成」といった側面がたやすく失われてしまうことを危惧し、内発的発展を持続するためには、社会運動の側面が絶えず必要であることを強調している。一方、宮本憲一は、政府主導の「外発型」地域開発を批判し、地方に開発された大規模コンビナートなどがあまり地域に経済的便益をもたらさないどころか、公害問題などの大きな損益を生じさせたことなどを教訓に「地域の企業・組合などの団体や個人が自発的な学習により計画をたて、自主的な技術開発をもとにして、地域の環境を保全しつつ資源を合理的に利用し、その文化に根ざした経済発展をしながら、地方自治体の手で住民福祉を向上させていくような地域開発」を内発的発展として促した[ii]。しかし、地域が主体となり自主的な決定と努力が行える、という前提において「外来の資本や技術を全く拒否するものではない」（宮本、2007、317）とも明言している。外部との関係性において、鶴見（1989）も、「内発的発展の運動の主体は、地域の定住者および一時漂流者であるが、外来の漂泊者との交流と協働なしには伝統の再創造は触発されない」（宮本 2007、206）とし、地域の開放性を内発的発展の条件にしている。

　このように、日本を代表する二つの「内発的発展論」は、決して相反するものではない。つまり、地域住民の主体性の形成なしに政策が導入されるとき、それは見せかけの（啓蒙主義的な）内発的発展にとどまり、地域住民のものにはなりきらない。また地域住民の内発性が顕在化したあとでも、開かれた地域として、絶えず異質な

ものとの接触と結合による創造の過程を繰り返し、その再生産を、政策論とも結合して進めていかないと、地域の一体性は失われ、外部事業者との協働と共進化の力も持ちえない。

## 1-2　富山市事業構想研究会の概要

　富山市事業構想研究会は、「内発的地域発展」の文脈として、富山市の次の20年を見据えた「エコシステム」の構築に、いかにつなげていけるか、ということを意識した。すなわち、富山市がこれまで取り組んできたコンパクトシティ形成を中心とした施策や事業の実績を踏まえ、今後、国内外に「選ばれるまち」としてのプレゼンスをさらに高めるための方法を考え、それらを、地域外の視点も入れながら、多様な主体が具体的な事業として構想し、内発的な実現につなげていくための試みである。その体制として、富山市にゆかりがある、あるいは富山市をフィールドとした事業構想に関心のある、事業構想大学院大学の院生・修了生14人が、これまで実際に富山市で事業を行ってきた行政職員・民間事業者と、富山市について共に学び、富山らしさや地域の豊かさを再認識しながら、今後あるべき事業を共に構想していくスタイルで、研究会を行っていくこととした。

　研究会は、表3-1のように、2019年7月29日から11月25日の事業構想最終発表会までの全5回で開催した。

　それぞれの回で実施した研究会の概要は、次節で紹介するが、ここでは、研究会の設計の背後にある考え方を簡単に解説する。

　本研究会では、前述したとおり、富山市にゆかりがある、あるいは富山市をフィールドとした事業構想に関心のある、本学の院生・修了生14人を中心に事業構想を進めることとなった。地域を

表3-1　富山市事業構想研究会　スケジュールとカリキュラム・ねらい

| 2019年7月29日 | 第1回：富山を知る<br>【ねらい】産官学のそれぞれの視点から、これまでの富山市の取り組みをトコトン知る<br>ゲスト講師：市森友明（新日本コンサルタント 代表取締役社長）、若林啓介（若林商店 代表取締役社長）、中島直人（東京大学工学部都市工学専攻 准教授） |
|---|---|
| 2019年8月4 - 5日 | 第2回：富山市でのフィールドリサーチ<br>【ねらい】富山市内を富山市職員や事業者の案内で歩き、富山らしさや豊かさをもとに、富山のあるべき姿をともに構想する<br>ゲスト講師：森雅志（富山市長）、京田憲明（富山市民プラザ 専務取締役） |
| 2019年9月20日 | 第3回：事業構想中間発表<br>【ねらい】事業性の確認、地域目線での確認・すりあわせ<br>ゲスト講師：青山忠靖（事業構想大学院大学特任教授）、結城秀彦（事業構想大学院大学客員教授） |
| 2019年10月21日 | 第4回：ブラッシュアップ<br>【ねらい】構想の実現可能性を官民共創の視点から考える<br>ゲスト講師：中川悦宏（横浜市政策局共創推進室） |
| 2019年11月25日 | 第5回：事業構想最終発表<br>【ねらい】構想実現に向けたキックオフミーティング |

フィールドとした、地域の外部者も含む共創型プロジェクトを始めるうえで、最も重要なことは、その地域が目指すビジョンや価値観、またこれまでのあゆみをしっかりと共有し、地域の方々と、同一目線で対話できる信頼関係を構築することである。そのため、研究会開始にあたっては、研究会は「ともに学び、深め合う」探求の場であり、所属や肩書・立場は意識せずフラットな関係性で進めること。また、研究会に参加する、事業構想大学院大学院生・修了生、富山市職員や事業者の方々すべての人に役割があり、それぞれの感性や経験、持ち味を生かし、事業を共創していく、という目標を掲げた。

そのうえで、第1回研究会では富山市の方々から、富山市のこれまでの取り組みを、産官学それぞれの視点から集中的に紹介していただくことで、富山市が目指す地域づくりのビジョンや価値観、そしてここまでの政策の成果に関する認識の共有を図った。第2回研究会では富山市を訪問し、同市の取り組みを、森市長自らご説明いただく機会も得、1泊2日と限られた日数ではあるが、富山市の方々の案内で富山市を見て歩き、地域外の視点からも富山市らしさや魅力を発見的に再確認すると同時に、課題も明らかにし、富山市のあるべき姿、ありたい姿を富山市の方々と共に構想し、具体的な事業アイデアに結びつけるためのグループワークを行った。

　第3回研究会は、第1回で把握した「政策のあゆみ」を踏まえ、第2回の「アイデア」を、さらに事業構想案として具体化した段階を期待しての中間発表会であり、当初、特に事業構想案の事業性の確認を中心にフィードバックを行う予定であった。しかし、事業性の確認以前に、「地域で必要と感じられていることは何か」「地域で課題として実際に検討されていることは何か」という地域目線とのズレも見られ、急遽、地域目線での確認・すりあわせを行い、方向性は変わらないが、アプローチを大きく転換するグループも出てきた。この背景として、富山市で地元の方々と共に考えた事業アイデアをベースにしながらも、本学院生・修了生が東京で引き続き構想案にしていくべく、グループワークを続けていくなかで、富山市の方々との共創体制をキープすることが難しく、地元目線が薄れてしまったことがある。

　このことを受け、中間発表後は、判断に迷いが生じた際、必ず地元の方と連絡を取り、共に考え創る体制を取り続けることの重要性を改めて共有したが、本学の院生・修了生が大多数を占める研究会

の構造では、それを徹底するのは難しい側面もある。本来は、その地域において事業構想を志す地域の人々も半数以上交えた、バランスが取れた研究員構成になることが望ましいが、これは今後の課題としたい。

　なお、本学院生・修了生は、中間発表を経て、それまで以上に富山市の方々と密に連絡を取り合い、自発的に富山市を訪問することも重ね、第4回・第5回研究会と、構想計画に仕上げていった。

　第4回研究会については、今後の富山市の20年、すなわち、コンパクトなまちづくりを軸とした「エコシステム」構築とさらなる発展を見据えたとき、「官」の役割はどう変容していくべきか、横浜市による官民共創の事例紹介から、以下のような新たな知見を学んだ（本章2-2で詳述）。

　横浜市政策局共創推進室は、官民共創・連携に関してのアイデアを24時間365日受け付ける、官民共創のハブの役割を果たしている部署である。これまでの官民共創については、官が持つ課題認識をもとに、解決手法を示し、共創の民間パートナーを募集するようなやり方が主流であった。ただし、このような不確実で目まぐるしく社会情勢が変化する時代においては、官が示す解決手法自体が最適でない場合もあり、官が一方的に社会の課題解決手法を提示するのではなく、どのような課題があるのか、といった課題認識を地域の様々な主体と共有し、その解決の手法自体も、共に考えていくことが大事である。

　このように、第4回研究会を経て、第5回研究会では、限られた期間のなかではあるが、それぞれのグループが完成させた事業構想の発表会を行った。ただし、この発表で研究会は終了、ということではない。その事業提案を受け、富山市でどのようにそれらを実現

させていくのか、今後、その具体的な戦略を考えていくキックオフ
ミーティングとしての位置づけも明確にした。

　研究会の具体的な成果と今後の展望等については、次節をご参照
いただきたい。

# 2. 富山市事業構想研究会の軌跡

　足掛け1年にわたって開催された富山市事業構想研究会。本節で
は、地域企業と自治体行政の立場から交わした議論を紹介する[1]。
本節の記載は2019年10月に開催された研究会での模様を、富山市
事業構想研究会が再構成したものであり、発表者の所属・肩書等は
当時のものであることに留意されたい。

## 2-1　過去の実績に立ち、「選ばれるまち」として更に発展を

　富山市のまちづくりの基本方針は、鉄軌道をはじめとする公共交
通を活性化し、沿線への居住、商業、業務、文化等の都市の諸機能
を集積させる、「公共交通を軸とした拠点集中型のコンパクトなま
ちづくり」の実現だ。

　公共交通の活性化については、LRTネットワーク（第4章2で詳
述）の形成により、過度に車に依存したライフスタイルを見直し、
歩いて暮らせるまちづくりを実現している。現在は路面電車の富山
駅南北接続事業が行われており、今後富山市北部地域と中心市街地
のアクセスが強化されることで、公共交通や中心市街地の活性化に
寄与すると考えられている。また公共交通沿線への居住推進につい
ては、中心市街地や公共交通沿線地区への居住を推進するため、良
質な住宅や宅地を供給する事業者や、住宅を新築・購入や賃借して

山本 貴俊　富山市企画管理部 企画調整課長

　居住する市民に対して助成を実施している。中心市街地の賑わい創出のための取組も行っており、賑わいの核となる全天候型の多目的広場「グランドプラザ」、市内の農産物を販売する「地場もん屋総本店」、高齢者向けの「おでかけ定期券事業」実施もこれにあたる。

　富山市では、こうした基本的方向性のもとでさまざまな政策を展開し、持続可能な都市構造の構築に向け、誰もが住みよいまちづくりを目指している。


**富山型都市経営が企業の行動変容を呼ぶ──新日本コンサルタント**

　新日本コンサルタントの市森友明代表は「富山市の都市経営に対し、民間企業の行動変容が起こっています」と話し、市と民間の社会課題の共有が、富山市の特徴であると強調する。

　「富山型都市経営」は、従来の都市経営にはなかった先端技術を計画段階で集中導入する「フロントローディング」の考えを取り入

市森 友明　新日本コンサルタント 代表取締役社長

れていると話す。例えば国土交通省のモデル事業の先行導入や、高
度な技術を有するコンサルタント会社に委託しマスタープランを作
成するなど最先端技術の活用に計画段階で重点を置き、成果につな
げることで、まず外部からの評価を高めた。その評価の高まりで市
民や企業の意識変容が生まれ、富山市の都市経営（課題）に対して
地域企業の投資が拡大しているという。この結果、地域企業の価値
や経営の質も高まり、都市のサステナビリティ（持続可能性）に寄
与するという構造も生まれた。
　同社は車を賢く使うモビリティ・マネジメントに取り組んでい
る。「多くの地方都市は自動車が多く普及しすぎているせいで、公
共交通が衰退して郊外化や中心市街地の衰退が進んでいます。自動
車をなくすのではなく、公共交通機関を適切に利用する社会へと変
化することで、社会的豊かさを大きくすることができます」と市森
氏。これは富山市が目指す目標とも一致する。

そこで中心市街地の活性化と市民の意識変容が必要になる。2011年には藤井聡氏（京都大学教授、元内閣官房参与）を招き、ローカルタレントとのラジオ番組の放送、日常交通についてのアンケート、フォーラムなども実施し、公共交通の活用を市民に訴求した。社会課題の共有に対し同社が提案を行い、富山市が予算化もした事業だ。

　2019年10月、本社を富山駅周辺に移転する（編注：同社は2019年10月15日に本社を移転）。モビリティ・マネジメントを利用した公共交通での通勤誘導を、社員全員に対して行う予定だ。中心市街地居住に対する家賃補助を他地域よりも高くしたり、中心市街地活性化がなぜ必要なのかを社員に対して教育したりもするという。社員の意識、行動、ライフスタイルを変容させ、最終的には企業業績と社員の幸福度を向上させたい考えだ。「富山型都市経営の貢献という壮大な社会実験を、企業独自で進めています。市民の意識・行動変容に関する研究成果としてまとめられればと考えています」と市森氏。他にも同社は地域活性化のための構想を立ち上げており、今後も富山型都市経営に新たなソリューションを提供する。


**富山市の政策に呼応し賑わいを取り戻したい──若林商店**

　若林商店の若林啓介社長は、2年前から中央通り地区D北街区再開発準備組合の理事長を務めている。中央通り（通称さんぽ～ろ）は、富山市の中心商店街東側に位置する470mのアーケード商店街で「シャッター通りと化している場所です」と若林氏。昭和50年代は、1日あたりの通行量が平日2万人、休日3万人だったとされるが、現在は1日3,000人ほどと賑わいを見せていたころの8分の1から10分の1に減少している。

若林 啓介　若林商店 代表取締役社長

　この状況を打破するために設立されたのが同組合で、居住人口を
増やし、通りに賑わいを取り戻すための市街地再開発事業を計画し
ている。具体的には、商業、業務施設、駐車場、国際規格のスケー
トリンクを備えた高層マンションの建設である。

　「再開発を実施する場所は鉄筋コンクリートや木造などの建物が
いくつもある中央通りの入口にあたり、現在は7世帯に12人が暮ら
しています。富山市のコンパクトシティ政策に呼応し、歩いて暮ら
せるまちづくりに合致する計画で、何とか賑わいを取り戻したいで
す」と若林氏は話す。居住人口を増やし、通行量を上げたい考えだ。

　市街地再開発事業計画の付加施設として、国際規格のスケートリ
ンクを立体駐車場の上に造る計画を立てている。都市再生特別措置
法改正にともない創設された立地適正化計画に合致した再開発をす
るために、従来の商業、駐車場、住宅に加え、付加施設を造る必要
があった。付加施設の条件が、文化、教養、健康をキーワードにし

ており、思い立ったのがスケートリンクだったという。かつて富山県スケート連盟が、行政にリンクの設置を要望して叶わなかった経緯や、グランドプラザで冬に実施している「エコリンク」が好評であることも理由になった。

　今後の地権者との交渉に加え、保留床やスケートリンクのホルダー探しなど建設への課題も多い。特にスケートリンクは、公設・公営・指定管理者運営がほとんどで、民設・民営の例は少ない。既に運営会社は設立済みだが、持続性の担保が課題となっていくだろう。現在、2023年の完成を予定しており、スケートリンクを含む低層階は、これより早い開業を計画している。

## 2-2　官民共創の好事例・横浜に学ぶ

　国連で2015年9月に全会一致で採択された「持続可能な開発目標（SDGs）」の目標17に「パートナーシップで目標を達成しよう」とあるように、持続可能な社会に向けてオープンイノベーションが不可欠であることは世界的な認識となっている。以下では、第4回研究会で招いた、中川悦宏氏（横浜市政策局共創推進室）、西田政司氏（富山市企画管理部長）を中心とする、官民共創についての議論を紹介する。

　富山市は森市長が就任した2002年から人口減少に着目し、それまでの拡散型から集約型のまちづくりへ舵を切った。公共交通を軸とした拠点集中型のコンパクトなまちづくり「コンパクトシティ政策」を継続して推進している。同政策は、まちづくりだけでなく、福祉や環境などにも大きな効果をもたらし、地方都市が再生するための有効な方策の1つとして国内外から高い評価を受けている。「今後、富山市がこれまで取り組んできた政策について、次のス

西田 政司　富山市企画管理部長

テージにどうつなげるか。更には、『選ばれるまち』としてのプレ
ゼンスを高めるにはどうしたらいいかを官民が共に考えていきた
い」と西田部長は話す。

## 横浜市は民間との共創でプレゼンスを高める

　横浜市の4カ年計画（2018〜21年）は、SDGsの視点を踏まえた
取り組み、データ活用・オープンイノベーションの推進、地域コ
ミュニティの視点に立った課題解決の3点が軸になっている。「共
創でアップデートする」というビジョンを掲げ、セクターの違いを
越えてイノベーションを起こしている。

　横浜市共創推進室は、民間事業者から官民共創・連携に関しての
相談や提案を受ける窓口だ。官民共創制度・手法を一括して所管す

中川 悦宏　横浜市政策局共創推進室

る全国的にも珍しい部署で、民間や行政内部から相談・提案を受けて、マッチングやコーディネート、リサーチ、コンサルティングを行う官民共創のハブの役割を果たしている。既存の手法にとらわれず、民間と行政の対話を通じ、イノベーションを生み出し、新しい価値を共に創る（共創）を目指している。

　中川氏は「横浜市は、多様な民間の皆様との対話や連携を通じて共創しています。コミュニケーションを深め、アイデアやノウハウなど強みとなる部分を共有し、新たな価値を共に創るイノベーションを起こす。このことが民間のビジネスチャンスや市民サービスの向上、横浜の活性化やプレゼンスの高まりを生むことにつながっています。かかわる皆様とウィンウィンになれる連携を進めています」と強調する。

同室の設立当初は、同じ市役所内からの理解が得られにくいことも多かった。これを払拭するために、①小さなことでも取り組めることから実績を積み上げていくこと、②象徴的な事例を作ることを共創推進室では実践してきた。

　共創を進めるなかで、横浜市が大事にしていることがある。まちづくりに対するビジョンが共有されていなければ、そこで選ばれた官民共創の手法が最適ではない場合もあるため、初めの段階で民間事業者と社会課題をどのように認識しているか意見交換し、それに対してどのような手法が最適な効果を生むかを一緒に考えることだ。「現在は幅広い課題があるなかで、行政が推進したいことも多様化しています。地域のブランティングや、街の将来像をどう実現するかは、オープンな場で多くの人々と話し合い、上流からコミットして進めるというプロセスが大切だと思っています」と中川氏は語る。

### リアルタイムデータの活用で共創を加速

　富山市では2019年度、ICTを活用して都市機能やサービスを効率化・高度化するスマートシティの実現に向け、「富山市スマートシティ推進基盤」を構築した。富山市はこれまでも全国に先駆け、電力などの民間事業者を含めたライフライン等の情報を集積・活用するための富山市ライフライン共通プラットフォームの構築に2016年より取り組み、2019年11月から運用が開始され、企業や市民へ順次データを公開していく予定だ。

　今回の基盤事業ではIoT技術によってリアルタイムに変動する様々な情報を市内全域に設置したセンサーネットワーク網からクラウド上へ集約し、複合的に分析・可視化することによって、幅広い

サービスへの展開の実現を目指している。2019年9月からは、36団体の民間事業者や大学などの研究機関に実証実験環境の提供を行っているところだ。この事業では、全国で唯一、アクセスポイントが市内の居住エリアのほぼ全域をカバーする無線通信網が整備され、これまでのFace to Faceの市民サービスとIoT技術・その他各種ICTサービスを組み合わせ、コンパクトシティ政策の更なる深化を目指している。

これらの官民共創で集約したデータを分析・活用することで、市民に対する新たなサービスの提供、行政事務の効率化、IoT技術を活用した新産業の育成などデータを利活用するシステムが、富山市政に生かされる日も近い。

# 3. 参加研究員による3つの「富山構想」

本節では、2019年11月25日に行われた第5回研究会・事業構想最終発表の内容を紹介する。14名の院生・修了生による1年間の研究・フィールドワークの成果を元にまとめられた3つの構想から、未来の富山像を考えてみたい。

## 3-1 世界へ発信する富山のガラス
### 〜〈TOYAMA Glass Platform〉構想

製薬産業に欠かせない薬瓶を起点に富山で発展したガラス産業。富山は国内におけるガラス工芸作家育成の中心地で、現在も約100名のガラス工芸作家が市内で活動しているが、工房を構えているのは10名ほどである。作家は基本的に個人で活動しており、作品制作のほかに営業活動やプロモーションなども行わなくてはならな

福島県　　　　　　　　秋田県　　　　　　　　滋賀県

近年、日本酒は香りや色の違いを楽しむためにワイングラスが使われるシーンが増えてきた。日本酒文化の本家である日本製グラスの需要も大いにあることが想定される

出典：山田順子氏提供

い。こうしたことが産業としての拡大や、作家・職人が富山に定着することを阻む障壁となっている。

　富山が誇る文化・産業のひとつでありながら、十分な魅力の発信や販路の開拓ができていないという現状を変えるためには新たな市場を拓く必要がある。しかし、国内のガラス産業は競争が激しく、飽和状態でもある。そこで富山キラリチームでは、対象とする市場を日本国内ではなく世界に設定。個人で活動するガラス作家・職人を束ねて流通やブランディングを担うプラットフォーム〈TOYAMA Glass Platform〉を設立する構想を練り上げた。このプラットフォームを通じて富山のガラス産業と世界のニーズをマッチングさせ、ガラス産業の振興を目指す。作家・職人から月額の手数料を設定して作品の展示販売やOEM製作、海外展示会への出展などを支援し、プラットフォームを通じて販売された作品の収益が作

家・職人に支払われるモデルだ。

　プラットフォームのキーコンテンツのひとつは"日本酒に特化したグラスによる新たな日本酒文化の創造"。米の味や香りを楽しむというイメージのある日本酒だが、実は明治時代までは重量感のある強い酸味が特徴で、"吟醸香"と呼ばれる香りのある酒ではなかった。大正から昭和にかけ吟醸香をもつ日本酒が醸造され始め、平成に入ってからは、米の旨味を感じる繊細で洗練された味をもつ酒に大きく変化を遂げてきた。吟醸香を存分に楽しむためには枡やお猪口といった酒器よりもグラスのほうが適しているともいえ、実際、ワイングラスのメーカーが日本酒用のグラスを販売している。ワインでは品種によりグラスの形状を変えて味を楽しむことが一般的であり、香りが重視されるようになった日本酒でも、酒をより楽しむための酒器としてグラスの価値が出てきたともいえる。

　また、日本酒は現在世界的に人気が高まっており、国としても輸出拡大に力を入れている。こうした背景も、グラスと日本酒という組み合わせを後押しする。日本酒においても、ワインのように銘柄別のグラスを提案することで海外の高級ホテルや富裕層への訴求ができるのではないだろうか。海外展開を目指す酒蔵と組み、日本酒とセットで売り出すことでブランドの世界観を醸成し、魅力を最大化することもできるだろう。

　そしてもうひとつ世界へアピールできるコンテンツとして提案するのが、市章や社章などのエンブレムをモチーフとしたガラスアイテムの制作だ。エンブレムは企業や自治体などさまざまな団体で定められており、潜在的な顧客は世界中にいる。まずは富山市で国際的なイベントなどが行われた際にトロフィーやメダルなどで採用されれば富山ガラスの知名度を高めることにもつながる。

これらのコンテンツにより、世界で富山ガラスのブランドを確立できれば、国内へ逆輸入してよりプレゼンスを高めていくことも期待できる。

発表後の講評では、日本酒の銘柄とセットでグラスを売り出す発想の面白さを評価する声のほか、初期のブランディング・プロモーションは大々的に行うほうが効果的だといった意見、さらに海外インバウンドなど観光客向けの視点を含めてもよいのではというフィードバックがなされた。

なお、本構想は修了生の山田順子氏を中心に構想実現に向けた活動を継続しており、現在は富山ガラス工房との計画を進行中である。

## 3-2 水・人・データが創る未来の富山 ～〈水がつなぐ新しい富山〉構想

富山のまちづくりの原点は、100年以上前に行われた神通川の治水事業により "水の流れ" が変わったことにある。さらに2020年春に富山駅の南北が接続されることで "人の流れ" も変わる。そして今後、市内広域で無線通信ネットワーク・LoRaWANを用いた〈富山市センサーネットワーク〉の整備が進むことで "データの流れ" が生まれる。3つの流れに通底し、富山市にあるべき未来のまちの姿を描くのが〈水がつなぐ新しい富山〉構想だ。

本構想の拠点となるのは、富山駅北口に整備されるブールバール。人やモノが交流する象徴的な場であり、富山の恵みである「水」のアーチを路面電車がくぐる様子は、一目見る人に〈水のトラム〉を印象づけるだろう。

本構想の鍵となるのは、富山駅北部エリアで提供されるサービスのデータだ。市民や観光客の移動・サービス利用のデータの流れ

水のアーチをくぐるLRTとブールバールで憩う人々（イメージ）。富山の恵み・豊富な水への親しみと賑わいが醸成される

出典：INFILLDESIGN

を、身体の中を巡る「水」のメタファーととらえ、サービスの質の向上、新たなビジネスの創出につなげ、ブールバールのある市北部を皮切りに・市全体へと豊かさを広げていく。「水」を中心とした、人やモノ、文化のつながりが富山の未来へとつながっていくのだ。

　取り組みの第一ステップは、水のアーチによる「水でつながる交流の場」の象徴の創出と路面電車南北接続を契機とした、ブールバールでのキッチンカーイベントの開催。富山の水に育まれた特産物の提供により賑わいを生み、キャッシュレス等を推進することで、データの解析も行う。イベントにデジタル技術を組み込むことで、新たなサービス開発への導線を仕込んでいる点がポイントだ。

　第二ステップでは、キッチンカーを発展させたナイトマーケットを企画。これは、富山駅北口周辺のオフィスワーカーのランチ・夜の飲食ニーズや、周辺を回遊する市民・観光客の賑わいへのニーズ

を意識したものだ。コンセプトは「富山の特産物×世界の特産物」。新鮮な水が育んだ富山の特産物と、世界の特産物をつなげることで新たな価値・発見を演出する。ブールバールを中心にナイトタイムエコノミーを醸成し、富山の魅力と共に世界とつながる体験を提供することで滞在の付加価値を向上。路面電車の終着駅である岩瀬浜エリアでの宿泊施設の整備も並行して行い、ブールバールの夜を楽しんだ観光客が、翌朝に富山港のフィッシャーマンズマーケットを楽しむことができるようにする。

　富山の「水」と、置き薬に代表される「治療」という従来の考え方を発展させ、「未病」をアプローチとした地元市民のリピートを促すヘルスケアサービスも想定。健康増進とモビリティ空間を組み合わせた「カジュアル健康診断」のアイデアを打ち出す。さらに仮眠や自習・少人数会議のスペース提供といったMaaS事業も可能となりそうだ。こうしたモビリティ活用事業に関して、本チームでは最終発表に先駆け、トヨタ自動車へ連携可能性としての提案も行っている。

　構想の仕上げとなる第三ステップでは、未来をリードする「最先端都市・富山」というプライドの下、自動運転の推進によるコンパクトシティの真価発揮、世界レベルの品質を持つ富山発の産業の創出、富山文化の世界への発信を目指す。

　交流拠点の運営には、観光地域づくり法人（DMO）〈Toyama Brain Driven〉を想定。場づくりや広報などの集客支援、観光客が地域を回遊するための移動支援、そしてMaaS実証事業で取得されたデータの取りまとめや解析を担う。人流や自動運転に関するデータを地域の民間企業や交通機関に提供することで収益を得るほか、地域の飲食業者や宿泊業者、行政や公共交通との共創を行い、新事

業創出のハブとなることを期待する。講評では、ブールバールを賑わいの拠点とするアイデアへの賛同や、ここで生まれた先駆的な賑わいを富山市全域に広げる期待などが語られた。

## 3-3　地域資源をつなぎ・循環させる
### ～〈FURUSATO OFFICE〉構想

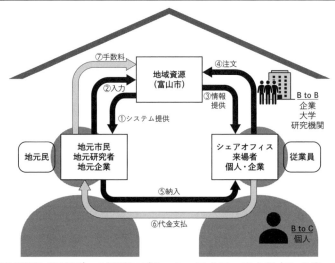

〈FURUSATO OFFICE〉の循環モデル。シェアオフィスを起点に企業・地元市民・都市住民・行政をつなぎ、地域資源の循環を生み出す

出典：チームメンバーらにより作成

　本構想では、富山市の次の20年を見据え、20年スパンで事業計画を練ることとした。収益事業とすることはもちろん、長期的ビジョンである "地域資源の循環" をいかに達成するかを重視する。

　首都圏のオフィスワーカーの通勤時間が98分と言われるなか、富山市内のオフィスワーカーの通勤時間は約30分。全国的な比較で見ても、富山県民の約7割は通勤時間30分未満であり、富山市内

においては職住近接が進むなかで、さらに通勤時間が短くなることが予想される。

　通勤時間の短さはコンパクトシティである富山の特徴であるとともに、首都圏との差となる68分は、"富山で働くと1日68分の余裕が生まれる"という大きなアドバンテージであるとも言える。Team if soの〈FURUSATO OFFICE〉は、この68分という時間を有効活用しながら、富山の地域資源を循環させるシェアオフィスの構想だ。このシェアオフィスを核に、利用者の通勤時間のさらなる短縮や、家計収入の一層の向上、また若者の正規雇用率向上や離職率低下といった目標を実現させることを目指す。こうした目標設定に関しては、富山市とも協力しながら進めていくことで、地域の実情に沿った課題解決にもつながるだろう。

　そんな〈FURUSATO OFFICE〉の基本コンセプトは、日本初の"習い事付きシェアオフィス"。富山市の住民がもつ歴史や文化、習俗などに関する知見といった地域資源と、「習い事をしたい」と考えている東京をはじめとした都市部の人々をつなぎ、学び合いや創発の場となることを目指す。

　主な対象者は、東京や世界の大都市に立地する企業で働くビジネスパーソンや、フリーランスのビジネスパーソン。こうした人々にコンパクトシティである富山に集ってもらい、人的価値を集積するとともに、富山にある資源を生かしてビジネスを創出するという点が他のシェアオフィスとは異なる価値をもつ。

　本構想の価値の根本となる富山市内外の資源は、地域の情報を見える化するアプリ・〈FURUSATO GO〉（仮称）で収集・蓄積する。これは、街歩きアプリと百科事典アプリを組み合わせたような機能のアプリで、地元ユーザーに富山に関するさまざまな知識や情報、

例えば防災に関する情報や、歴史に関するさまざまな逸話（言い伝え・伝承・伝統）などを投稿してもらうほか、コンパクトシティ・富山での暮らしを疑似体験できる習い事・仕事・宿泊場所の情報などを通じて配信する。

　アプリを通じて、富山ならではの食事や、時間の余裕から生まれる豊かな睡眠、また地域住民との対話の機会を提供することで新たなビジネスアイデアが生まれやすい環境を提供し、シェアオフィスとの両面で富山の住民と都市部のビジネスパーソンとのつながりを創出していくねらいだ。また、宿泊に関しては、現状では宿泊施設を斡旋する情報の配信が現実的だが、ゆくゆくは自身で宿泊施設を運営することも視野に入れる。

　拠点となるシェアオフィス〈FURUSATO OFFICE〉は、広さ250坪程度、会員用エリアとフリーエリア・習い事エリアに分け、土日や祝日は習い事のみを提供する。チームメンバーが事務代行や電話対応、コンシェルジュサービスの提供など、バックオフィス機能を担う。立地については、利便性を考えて中心市街地の内部とする、もしくは富山郊外の資源へのアクセスを考えて中心市街地の辺縁にするという両方の可能性を検討している。

　発表後の講評では、富山では郊外立地している企業が多いため、富山駅周辺で打ち合わせや会議などができる場所の需要があること、それをふまえると、シェアオフィスの立地は富山駅前が理想、といったフィードバックが行われた。

# 4. 共に学んだ知見を、
## 　未来のまちづくりへ活かす

　富山市事業構想研究会は、冒頭に述べたように、今後の富山市の20年、すなわち、コンパクトなまちづくりを軸としたさらなるエコシステムの構築と発展を見据えた事業構想を検討するだけではなく、参加した富山市職員の方々にとっても、次のフェーズを見据えた、新たな官民共創・連携体制の検討につながる機会となることも期待した。

　本章でご紹介したとおり、研究会を通じ、今後の富山市での事業展開について、多くの可能性が見出された。同時に、地域の外からの期待と地域の認識のズレをどのように埋めていくか、富山市らしい官民共創の仕組みをどのように作り上げていくか、など、課題も明らかになった。このような研究会で得られた知見や成果を一過性のものにするのではなく、地域内外の人々が、地域が目指すビジョンや価値観、これまでのあゆみをしっかりと共有したうえで、より良い地域づくりに資する具体的な事業を共に研究する「研究会」というアプローチも含め、今後のまちづくりに生かされていくことを期待したい。

《注》

I　月刊『事業構想』2019年10月号 p.126-127、および2020年1月号 p.126-127

《参考文献》

i　鶴見和子（1996）『内発的発展論の展開』筑摩書房
ii　宮本憲一（2007）『環境経済学　新版』岩波書店

# 第4章

# コンパクトシティ政策から
# ネクストステージへ

# はじめに
## ──富山型コンパクトシティの全体像

　既に見てきたように、富山市のまちづくりは全国の市町村から高い評価を得、「コンパクトシティ」のロールモデルとされてきた。本章ではまず、従来進められてきた政策の全体像を見渡したうえで、個別政策分野における達成と今後の展開を詳説する。

## 一貫性ある政策から紐解く

望月明彦

　現在は東京メトロ常務取締役を務める望月氏は、2002年から2005年まで富山市の助役を務められ、コンパクトシティ政策の初期段階において全体的な方向づけに尽力された。

　望月氏は、富山市のまちづくりの全体的な特徴として2点を挙げる。

　「まず、第1章で森市長も言及されている、『団子と串』の集約構造の追求です。都市の機能を『中心市街地』に集約するという考えもありますが、『中心市街地』エリアは概して広く、また各都市には固有の歴史的な成り立ちがあり、1つの核に集約しづらい事情があります。富山市では、奇跡的に残っていた鉄軌道を軸にした拠点化・集約化を目指しました。もう1つは総合的な政策の展開です。例えば富山ライトレールプロ

ジェクトも単独の交通施策ではなく、岩瀬の古いまちの再生など沿線地域への機能の誘導を同時に戦略的に推し進めたところが大きな特徴でした。地域の魅力向上と、串となる鉄道の利便性の向上を連動的に行い成功したことが、従来の都市政策との違いだと思います」

　では、富山市に展開する都市間鉄道と都市内鉄道をどう活用したのか。

　「まず富山市民の活動を支える都市内鉄道に着目し、特に1-1で紹介するLRTの整備を進めました。併せて沿線地域の宅地開発事業の支援や居住誘導のための助成、駐輪場整備、学校統廃合跡地を使った積極的な機能の導入などの施策を同時に行いました。結果として公共交通の便利なエリアの魅力が高まって、人が行きたいと思う場所が増え、更に拠点に賑わいが増えるという好循環が生まれるわけです」

　政策の要となったのは、公共交通の利便性向上、居住誘導と沿線整備、中心市街地の活性化という3本柱だ。大都市都心部を除き、単に公共交通を便利にする施策を打っても、沿線は活性化しない。その場に行くようなきっかけづくりと、公共交通の利便性は、政策の力で共に向上させねばならない。

　「中心市街地の活性化施策の中でも、グランドプラザの誕生はまちづくりのエポックメーキング（画期的な出来事）といえます。なぜなら従来の箱物とは異なり、ハード面で作り込みをしすぎず、自由度が高く利用できることを目的としたオープンスペースを作ったからです。全国各地でトレンドとなっている中心部に広場を作り賑わいの拠点にする先駆となった事業です」

　公共の広場は制約が多く、好立地ながら使い勝手の悪い場合が多

い。グランドプラザでは魅力づくりのため、上記の工夫に加えて、民間事業者が自由に使えるよう、使途を原則的に制約せず、一方で利用料金を充分に徴収するようにした。なぜならそのほうが、イベントの収益性を見込める魅力ある企画が入ってくるためだ。

政策の現場を離れた視点から、今後の課題をどう捉えるか。

「公共交通ではバスも重要になると考えられますが、当時から今に到るまで本格的には着手してきませんでした。そのため、一定頻度以上の運行がある停留所も『団子と串』で位置づけてはいますが、路面電車ほどに拠点が形成できていません。バスの機能をどう合理化し利便性を高めていくかは、今後の課題だと思います。車椅子での乗り降りができる車両のバリアフリー化をどう進めるか、基幹路線とそれ以外の路線をどう整理するかなど、バス事業の経営が厳しい中で難題が山積しています。もし路面電車と同様に位置づけるのであれば、新しい交通サービスの展開も視野に入れて検討することが必要だと思います」

とは言え、新時代のまちづくりのモデルと見なされる富山市。成功し続ける要因とは何か。

「『理想のまち』の姿を実現するためには、市政の先頭に立つリーダーに、経営者の視点が大事です。実際、森市長も優れた経営的センスで新しいまちづくりに戦略的に臨んでこられました。単なる政策のホチキス留めでは実効性が上がりません。目指す姿の実現のため庁内を横断的にまとめ、経営的センスの下で戦略的な政策を総合的に打っていくことが最も重要だったと思います。この実現が非常に難しいからこそ、達成できた数少ない自治体として評価されているのだと思います」

# 1．公共交通の利便性向上

　富山市では、コンパクトシティ政策の第1の柱として、軸となる公共交通の整備を進めてきた。鉄軌道をはじめとする公共交通の利便性を向上させるべく、全国に先駆けたLRTの導入、既存の市内軌道を延伸した環状線の開業、そして路面電車の南北接続を行ってきた。以下ではそれら施策を順に概観する。

## 1-1　富山ライトレールの整備——JR富山港線のLRT化

### 利用者減の路線を「市民の足」へ蘇生

　富山市では、過度に車に依存したライフスタイルを見直し、歩いて暮らせるまちづくりを掲げている。その基幹的な役割を果たす公共交通において、利用者の減少が続いていたJR富山港線（鉄道）に、「公設民営」の考え方を導入し、日本初の本格的LRTに蘇らせた。これが「富山ライトレール」である。

　LRTとは、Light Rail Transitの略で、低床式車両（LRV）の活用や軌道・電停の改良による乗降の容易性、定時性、速達性、快適性などの面で優れた特徴を有する次世代の軌道系交通のこと。北米やドイツの市街地で過度に進んだ車社会を是正する目的で、軽量級車両が投入され、道路交通を補完し、人と環境に優しい都市づくりの一翼を担っている。

　未来的なデザインに仕上がった車両は『ポートラム』の愛称で市民の「足」となる。爽やかに都市に溶け込むスノーホワイトの立山の新雪をモチーフとしたもの。車体のカラーは全7色あり、どれも富山の恵み多い自然や未来を象徴したものになっている。

「ポートラム」の車体

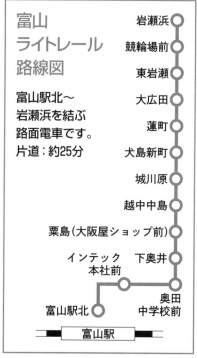

富山
ライトレール
路線図

富山駅北〜
岩瀬浜を結ぶ
路面電車です。
片道：約25分

岩瀬浜
競輪場前
東岩瀬
大広田
蓮町
犬島新町
城川原
越中中島
粟島(大阪屋ショップ前)
インテック
本社前
下奥井
富山駅北
奥田
中学校前
富山駅

図4-1　富山ライトレールの路線[i]

## 市民の健康増進にも寄与

　車両となるトラムには、路面との段差が少ない低床化の設計を施し、また、待たずに乗れるよう増便するなど利便性の向上を図ることで、利用者が増加した。また、運営する富山ライトレールも黒字の維持に成功した。

　質の高い公共交通の整備により、高齢者の外出機会が増加し、外出することで、閉じ籠もりを防ぎ、人と人との出会い、健康の増進にもつながる。アンケート調査結果によれば、全世代において、友人・知人と会う頻度を増やす

というボンディング（結束型）のソーシャル・キャピタルの形成に寄与し、また、高齢者において、質の高い公共交通により、新たな知り合いを増やすというブリッジング（橋渡し型）のソーシャル・キャピタル形成に寄与することが示唆されている。

## 1-2　富山市内電車の環状線化

### 日本初の上下分離方式で回遊性を強化

　富山市では全国初の上下分離方式により、市内電車の環状線化を行った。「上下分離方式」とは、行政（富山市）が「軌道整備事業者」として軌道整備及び車両の購入を行い、民間（富山地方鉄道、以下、富山地鉄）が「軌道運送事業者」として車両の運行を行うもので、双方の役割を明確にするとともに、連携して事業を進める手法である。「上下分離方式」は広い意味での官民連携の一つと言える。これは、富山市が国土交通省へ要望し、「地域公共交通の活性化及び再生に関する法律」が施行されたことにより実現した。

### 市内の南北をつなぐ

　市内に張り巡らされた路線は、図4-1の通り、富山駅から北前船で栄えた港町「岩瀬」に向けて走る。北陸新幹線整備を契機に、富山駅南側の市内電車と北側の富山ライトレールをJR富山駅高架下で接続し、LRTネットワークの形成を図ってきた。

　具体的には北陸新幹線開業にあわせた新幹線高架下への市内電車の乗入れ（第1期）、在来線高架化の後、2020年3月21日には富山駅での路面電車南北接続が実現し、市内電車と富山ライトレールの接続を経て、JR線やあいの風とやま鉄道線と路面電車の乗り換えが容易になり、ネットワークが広がった（第2期）。また、富山駅

新幹線駅の高架下に停車する「セントラム」

北側では、国土交通省でも提示されるグリーンスローモビリティ（電動で時速20km未満で公道を走行する4人乗り以上のモビリティ）の社会実験もスタートする。

　路面電車の南北接続が実現したことにより、駅南北双方からの直通運行となった。これにより、更なる公共交通の利便性向上と、まちなかのにぎわい創出につながると見込まれる。

## グリーンスローモビリティ車両概要
### 特　長
- 狭い路地での走行が可能で、窓のない開放さが楽しい
- 最高時速が20km未満に制限されており安全で、高齢者も運転が可能
- 電動自動車で環境に優しく、家庭用コンセントで容易に充電可能

| シンクトゥギャザー社 eCOM8$^2$ 主要諸元 ||
|---|---|
| 項目 | 内容 |
| 乗車定員 | 10名 |
| 全　　長 | 4,295mm |
| 全　　幅 | 2,000mm |
| 総重量（10名乗車時） | 1,990kg |
| 充電時間 | 約9時間（AC100V） |
| 一充電走行距離 | 35km |

## 1-3 路面電車の南北接続

オークスカナルパークホテル富山前

親水広場前

富山駅北のにぎわい創出のためのブールバール再整備（イメージ）

## 富山100年の夢を遂に実現

　1908（明治41）年に国鉄（当時）富山駅が設置されてから、鉄路によりまちは南北に分断され、その接続は100年以上にわたる夢であった。

　富山市では市内公共交通の南北接続実現にむけ、段階的に施策を進めてきた。鉄道事業だけを挙げても、富山ライトレールの開業（本章1-1で詳述）、市内電車の環状線化（本章1-2で詳述）、更に北陸新幹線の開業と、長年にわたる整備を行ってきており、特に新幹線の開業以降は、富山駅と市街中心部へのビジネス客・観光客の来訪は増加している。県都の玄関口である富山駅を抱える市にとって、公共交通の利便性の向上と駅の整備は非常に重要な事業として

富山駅周辺整備事業の完成状況（イメージ）

位置づけており、その完成として迎える節目が路面電車の南北接続となる。

　富山港線（市内北側）と富山市内軌道線（市内南側）の接続は、2006年にLRT化されて富山ライトレールに移管された際に都心部のルートが変更されたため、改めて富山駅北口に富山駅北停留場が接続駅として新設された。2020年3月21日に富山港線と富山軌道線との接続によって同停留場は役目を終えた。

## 南北接続がもたらす効果と意義

　南北接続に伴い駅北の地価が上昇（市内の他の地点と比較しても最高値）し、また通学にも交通至便となったことで、学生の高校選択の幅が広がった。社会人にとっては、都市機能が集積したまちなかに居住しながら、駅北の沿線地区への勤務の利便性が向上した。

　路面電車の南北接続事業の完成により、富山市が進めてきたコンパクトシティ政策をはじめとする都市デザイン計画は、一つの大き

な集大成を迎える。

　路面電車の南北直通運転および富山駅の南北・東西を結ぶ自由通路の整備は、単に公共交通インフラの充実や機能強化だけに留まるものではない。富山ライトレールの開業によって市民の外出頻度や外出目的に変化が生じたように、富山駅の南北接続による人と文化の交流は、周辺住民や鉄軌道利用者だけでなく、市全域へと放射状に広がり、市民全体のライフスタイルに変化をもたらすと考えられる。

# 2. まちなか居住の推進

### 拡散から集積へ　都市機能を再生

　「まちなか居住の推進」とは、都市のスプロール化（中心市街地の居住人口空洞化）を抑える施策である。都市の拡散が進んでいる地方都市において、公共交通沿線・まちなかに居住地を誘導することで拡散を一定程度止める。これは、拡散による都市の維持管理コストの増加を低減する意味を持つ。

　だが原則としては、個人のライフスタイルに合わせた居住地を選択するのが望ましく、郊外の居住を否定するものではない。つまり、法的強制力による居住制限ではなく、あくまでも居住誘導策である。富山市では、政策の最終目標においても市民の約6割は郊外居住となる。

　市民への助成による誘導だけではなく、事業者への助成も行うことで民間投資も進める。まちなかへの投資が進むことにより固定資産税収も向上することを見込んでいる。

　これら市民向け・事業者向けの各誘導施策を表4-1にまとめた。

表4-1　まちなか居住推進事業の支援内容概要

| 市民向け支援内容 | ・富山市まちなか住宅家賃助成事業<br>・富山市まちなか住宅取得支援事業<br>・富山市まちなかリフォーム補助事業<br>・富山市マルチハビテーション（多地域居住）推進事業 |
|---|---|
| 事業者向け支援内容 | ・富山市まちなか共同住宅建設促進事業<br>・富山市まちなか住宅転用支援事業<br>・富山市住宅併設店舗等整備支援事業<br>・富山市まちなか宅地整備促進事業 |

　また、まちなか・公共交通沿線の拠点に居住誘導することにより、都市の諸機能も集積する正のスパイラル効果が期待される。

　具体的な居住誘導の範囲は、以下を掲げている。
都心地区：約436 ha
公共交通沿線居住推進地区：約3,440ha
※富山駅を中心とした19の公共交通軸周辺
　鉄道、軌道駅勢圏（半径500m）
　バス停圏（半径300m）

　富山市では2025年までに総人口の42％をまちなかと公共交通沿線へ居住誘導することを目指す。

## 公共交通の活性化にも寄与

　公共交通沿線への居住誘導は、公共交通の活性化にも寄与する。公共交通沿線における居住についても同様に助成（ただし、まちなかよりも若干助成額は低く設定⇒より高い税収が確保される中心市街地は高く設定）を行う。

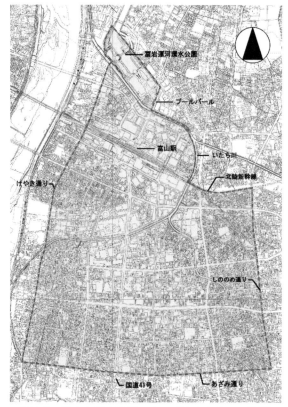

図4-2　富山市都市計画の中の「まちなか」の範囲

# 3. 中心市街地の活性化

　コンパクトシティ政策の第3の柱として、人びとの移動を促す先である中心市街地の活性化を進めてきた。以下では、中心市街地の拠点であるグランドプラザの整備状況と、それがもたらした政策効果を見ていく。

# 3-1　グランドプラザの整備と民間投資の活発化

図4-3　中心市街地において活発化する民間投資

## 市民プラザを核に都心部を活性化

　西町・総曲輪CUBYと総曲輪FERIO・富山大和の間にある、まちなか賑わい広場『グランドプラザ』。上記の図4-3の通り、街区には市街地再開発組合が相次いで設立され、民間施設が次々と建設されている。総曲輪地区の歴史ある大手通りに位置する富山市民プラザ（第2章で詳述）は、1989年12月、富山市政100周年事業の一環として、また中心地区の活性化と活力ある都市づくりのシンボル施設として建設された。中心市街地活性化の中核を担う役割を果たす。

### 再開発事業は将来への投資

　再開発事業は、投資費用を回収したうえで、更に将来市民への収入となる。中心市街地の商業施設の例で考えると、事業完了後の固定資産税などの増収分で、市補助金約8.9億円は15年間で回収できる。その後は、固定資産税などの税額から事業前の税額を控除した額が純増となる。

## 3-2　都心部活性化施策の効果

### まちなかの移動を促す施策

　都心部を整備し、公共交通を整備したところで、次に必要なのは人々の外出インセンティブを強化することである。この施策が揃って初めて「まちなか居住の推進」による政策効果を評価することができる。

　交通事業者と連携し、65歳以上の高齢者を対象に市内各地から中心市街地へ出かける際に公共交通利用料金を1回100円とする割引制度を実施した。高齢者の約24％がこのおでかけ定期券を所有し、1日あたり2,755回、約1,400人が利用、高齢者の外出機会の創出、中心市街地の活性化、公共交通の維持・活性化に寄与した。

### おでかけ定期券で健康増進

　おでかけ定期券には外出を促す効果があり、健康増進につながるのではないかという観点から、GPSと歩数計を備えた調査用端末機「おでかけっち」を活用し、同意を得られた高齢者の歩数や「まちなか」における行動範囲を調査した。

〈調査①：おでかけ定期券の有無と歩数〉

**（1）調査対象者**
市内に住む65歳以上の高齢者
（おでかけ定期券所有者724人及び非所有者544人の計1,268人）

**（2）調査期間**
2016年10月1日から31日まで

**（3）調査結果**
おでかけ定期券所有者の中心市街地来街日の1日平均歩数は、非来街日を上回っており、おでかけ定期券は所有者の歩数増加に貢献していることがわかった。具体的には1人当たり2,151歩／日の歩数増加効果が見られ、また、歩数増加により、総額で年間約7,900万円の医療費削減につながるとの試算もなされた。

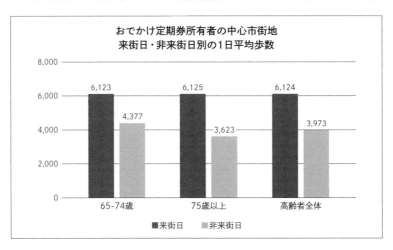

〈調査②：おでかけ定期券の利用と要介護認定〉

**（1）調査対象者・比較方法**
要介護認定率が高まる後期高齢者に着目し、2011年度に75歳以上であった高齢者の、2018年度における要介護認定状況を、おでかけ定期券の利用年数の違いによって比較した。

**（2）調査結果**
おでかけ定期券を継続利用していた高齢者は、全く利用していなかった高齢者に比べ、「介護の等級に変化が無い（要介護度の上昇を抑制している）」ことが明らかになった。ここから、介護予防につながっていると考えることができる。

【おでかけ定期券 継続利用8年の者】
要介護度に変化なし：70.6％（2,521人/3,571人）
要介護度が進行　　：28.8％（1,028人/3,571人）
※「2011年度に自立（要介護認定なし）であった者」に限定すると、
自立状態を維持：72.3％（2,481人/3,432人）
要介護度が進行：27.7％（951人/3,432人）

【おでかけ定期券 継続利用なしの者】
要介護度に変化なし：44.6％（7,374人/16,544人）
要介護度が進行　　：52.8％（8,743人/16,544人）
※「2011年度に自立（要介護認定なし）であった者」に限定すると、
要介護度に変化なし：53.4％（6,685人/12,522人）
要介護度が進行　　：46.6％（5,837人/12,522人）

# 4. コンパクトシティ政策の効果

### 効果の評価①流入数

　中心市街地と公共交通沿線における居住推進地区の人口の社会増減から考える。

　中心市街地の社会増減（転入−転出）の推移を見ると、2008年から転入超過を維持している。他方、公共交通沿線居住推進地区の社会増減（転入−転出）の推移を見ると、2012年以降、転入超過の傾向にある。

　人口移動を促す施策に関しては、取組を始めても直ちには成果が出ない。しかし、成果は徐々に数値として表れてきている。居住誘導といった単一の施策だけではなく、ハード・ソフトを含めた複合的な取組の成果である。

　とりわけ、市全体でも児童数の減少が大きく、市で最初に学校統合が進められた中心市街地の児童数が増加した。これは市全体でも児童数が減少傾向にある中で増加していることが特筆すべき点で

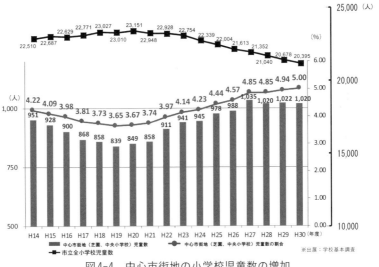

【富山市立小学校児童数と中心市街地（芝園、中央小校区）児童数の推移】

図4-4　中心市街地の小学校児童数の増加

ある。

①富山市の総人口は、日本及び富山県全体と同様に減少傾向にある。

②富山市は、少子高齢化に伴う自然減（出生−死亡）により、総人口は減少しているが、社会増減（転入−転出）では、近年は転入超過基調となっている。

③富山市の人口減少率は、富山県全体と比較すると鈍化している。

### 効果の評価②地価上昇

　地価公示（2020年1月1日）結果によると、県全体の地価平均は、1993年以降（28年連続）下落平均▲0.1％（全用途平均）であった。富山市では、6年連続で地価（全用途平均）が上昇し、富山市全体では平均＋0.7％（前年比）上昇、商業地は富山駅周辺や環状線沿

■県全体の地価平均は、**1993年以降（28年連続）下落　平均▲0.1％（全用途平均）**
■富山市では、**6年連続で地価（全用途平均）が上昇**
■富山市全体では**平均＋0.7％（前年比）上昇**
■商業地は富山駅周辺や環状線沿線を中心に**17地点で上昇**
■住宅地は**市内42地点で上昇**（前年より5地点増）

（2020年地価公示より）
※地価調査（国調査、基準日：1月1日
　調査地点数（市内107地点）

+5.9%
+4.8%
+3.5%　+2.0%
+2.9%
+3.5%　+3.0%　+3.2%
+1.1%
+1.0%
+2.1%
+2.7%

富山ライトレール
富山駅
市内電車軌道線
市内電車環状線
・住宅地
・商業地
【地価が上昇した地点】

＜上昇の要因＞
・**商業地**：路面電車南北接続への期待感、
　　　　　民間による再開発の活発化
・**住宅地**：中心市街地周辺での利便性、
　　　　　まちなか居住・公共交通沿線居住推進政策の進展

市内電車沿線区間　　富山駅高架下LRT空間

[参考] 富山県地価調査（2019年7月1日）で、全用途平均
の基準地価が6年連続で上昇（北信越都市では、富山市のみ）

図4-5　地価の上昇結果からみる政策効果

出典：2020年1月1日地価公示結果を基に作成

線を中心に17地点で上昇、住宅地は市内42地点で上昇（前年より
25地点増となっている。

　なお、少し前の富山県地価調査（2019年7月1日）では、全用途
平均の基準地価が5年連続で上昇（北信越の都市では、富山市の
み）している。

　これらの傾向に見られるように、市では持続可能なまちづくりに
向け、基幹税である固定資産税の基礎となる地価を維持・上昇させ
る様々な取組により、まちの魅力の向上が図られ、地方都市として
は数少ない上昇基調にある。


**複数の政策効果に期待**

　先述した、「一つの政策から複数の効果」を生むという観点は、
他の自治体でまちづくり施策を講じるうえでも有用である。実際、

これまで富山市は、コンパクトシティ政策をバックボーンとしてさまざまな施策を展開してきた。施策の効果を見える化（エビデンスを提示）し、市民の理解を得るとともに、民間企業などの多様な主体と連携していくことが望まれる。

# 5. 新たな政策課題への展開

## 5-1 SDGs未来都市、海洋プラごみ回収への取組

### 全国から厳選された未来都市として

地球環境問題が、人類の取り組むべき喫緊の課題とされて長らく、国連で2015年9月に「持続可能な開発目標（SDGs）」が採択され、2016年より各国政府・自治体・民間企業で取組期間が始まった。日本政府はこれを受け、内閣府地方創生推進事務局が2018年度より「SDGs未来都市」を選定、富山市は第1次募集とな

「コンパクトなまちづくり」や「環境モデル都市」、「環境未来都市」などの取組をSDGsの視点からスパイラルアップさせ、自律的好循環の創出を目指す。

図4-6　富山市が目指す「自律的好循環の創出」

富山市は、日本財団と海洋ごみ対策に係る連携・協力協定を締結し、海洋ごみ対策のモデル構築に向けた共同事業の実施を発表（2019年3月27日）。海野光行・日本財団常務理事と森雅志・富山市長。

る2018年度の29都市に選ばれている。これまでの環境モデル都市、環境未来都市の取組を経済価値、社会価値、環境価値の統合による都市創造のスパイラルアップの視点から発展させ、SDGs未来都市「コンパクトシティ戦略による持続可能な付加価値創造都市」の実現を目指すものである。

　特に「水」に関する取組として、富山市は2019年3月27日、日本財団（会長・笹川陽平）と海洋ごみ対策に係る連携・協力協定を締結し、海洋ごみ対策のモデル構築に向けた共同事業の実施を発表した。市民の間で取組を創出する3つの柱として①調査・分析、②教育・啓発、③行動・実施を挙げ、「富山市モデル」として広く全国に発信することが謳われた。順に列記すると次のようになる。

　①調査・分析…富山市を流れる一級河川、神通川・常願寺川の支流や用水路での「網場」設置に向けた調査・検討。

　②教育・啓発…海洋ごみ削減に向けた啓発サイン制作、ポートラ

ム・セントラムへの掲出。海洋ごみ問題に関する小学校でのモ
デル授業の実施など。河川へのごみ流出メカニズムの解明（企
業やNPOなどと協力した流域調査など）。

③行動・実施…市民一斉清掃活動の実施、スポーツ団体、企業と
の連携など。

### 富山型SDGsまちづくりの未来

　富山市は、北西太平洋地域海行動計画（NOWPAP）地域調整部
（2004年〜）という、日本海側で初の国連機関が設置された都市で
もある。今後においても、環日本海地域の中央に位置する地理的条
件を最大限に活かし、環日本海・アジア交流の拠点として発展して
いくことが期待される。

## 5-2　富山市センサーネットワーク

### 地域需要に即した通信サービスを提供

　富山市が全国に先駆けて取り組んでいる「センサーネットワー
ク」は、省電力広域エリア無線通信（LPWA: Low Power, Wide
Area）を用いて市内全域に展開した無線通信ネットワーク網
（LoRaWAN）と、これを経由してIoTセンサーからの収集データを
管理するシステム（プラットフォーム）で構成された情報基盤であ
る。LPWAは「少ない情報を広範囲から収集する場合」や「少ない
情報を長時間収集する場合」に最適とされ、これにより集約した
データを分析・活用することで、新たなサービスの提供や行政事務
の効率化、IoT技術を活用した新産業の育成などを目的とするもの
である。

　通信回線網の整備に際しては、市内全域に配置されている小中学

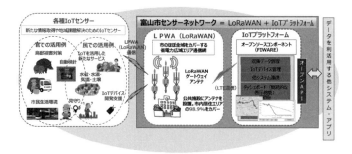

図4-7 「富山市センサーネットワーク」の概要

校、地区センター等の市有施設を中心に各種センサーからの情報信号を受信するアンテナを設置した。これにより居住人口エリアの98.9%をカバーしている。

　2018年度には、パイロット事業として「こどもを見守る地域連携事業」を実施。こどもの登下校時の位置データの解析値を学校・PTA・交通安全協会等と共有し、こどもの安全安心を地域全体で支えるスキームを検討し、2023年までに全ての小学校で実施予定としている。

### 富山型ICTのメリットとデメリット

　このようにして構築される「富山市センサーネットワーク」の特徴は大まかに見て、次のメリットとデメリットを持つ。

　デバイスは数千〜数万円/台と廉価で、かつ、ネットワークの通信費は市が負担していることから利用者は無料で使用でき、また、エリア別での実証実験が可能である。電源工事不要（バッテリー稼働）、別システム無しで簡易的な表示が可能（GIS［地理情報システム］、通信結果一覧）、CSVファイルやオープンなAPI[ii]を用いた

パイロット事業の概要
◆パイロット事業「こどもを見守る地域連携事業」実施期間
・実施期間：2019年1月21日〜2月20日
・データ採取対象：市内小学校　2校
・デバイス配布数：818台（参加同意された児童のみ対象）

図4-8　2018年度に実施したパイロット事業「こどもを見守る地域連携事業」

他システム連携が可能である。

　他方で、情報収集範囲の広さを優先しているため、通信速度が遅い（画像は送信不可）、充電頻度が低い（〜数年/1日2回通信）、通信回数に比例して電池が消耗する、等のデメリットを抱える。また原則、LoRaデバイスからの受信のみといった制約も抱える。

## 5-3　とやまシティラボ構想

### 地域課題解決型の官民連携プラットフォーム

　「とやまシティラボ（仮称）」とは、富山市全域を「ラボ（実験室）」に見立てた、地域課題解決型の官民連携プラットフォームである。この構想は2020年3月に策定された「第2期富山市まち・ひと・しごと総合戦略」にも謳われており、JR富山駅前の複合商業施設である富山ステーションフロントCiC内にオープンイノベーション拠点施設を整備し、市内外の企業や大学、行政等によるビジネス交流・共創の場として運営する。

　富山市の現状を俯瞰するに、四つの地域課題が指摘できる。第一に、将来的な財政逼迫（迫られる予算投入の選択と集中）であり、第二に、公共領域を担うことができる民間プレーヤーの不足、第三

に、ものづくり県ゆえの硬直化した産業構造・企業体質、第四に、高度情報化による社会構造の変化への対応だ。

　とりわけ、第二点の「公共領域を担う民間プレーヤー不足」に関しては、公共領域への民間参入促進、若者への積極的な機会提供、そして、民間都市人材の地域への還流が必要である。ビジネス交流による「関係人口」の拡大により、都市と地域の人材交流を促すことで、都市人材の地域への移住・定住や地域人材の育成・地元定着などにつながることを期待している。

　第三点と第四点は、官民連携によるスマートシティの推進により、地域課題解決と新産業創出を目指している。具体的には、先進コンパクトシティとしての都市基盤やセンサーネットワークなど、都市的課題を解決する上での「テストベッド（実証環境）」としての強みを生かし、企業や大学等の研究開発における実証環境として機能することで、スマートシティ関連サービスの創出を図ることとしている。

## 人々の交流を活性化し、共創を生む

　拠点施設は20〜40代の若手経営者・起業家を中心とした官民連携組織によって運営される。これにより、若者のニーズを捉えた様々なビジネス交流機会を提供するほか、産学官民が連携したリビングラボ[iii]による共創を推進する。

　また、象徴的な活動として「とやま未来共創会議」がある。これは産学官民が立場を超えたフラットな対話を通じて未来を予測し、この予測に基づく富山市の将来ビジョンに対してバックキャスティング（未来からの発想法）により解決すべき課題や採るべき方策を明確化・共有する取組である。

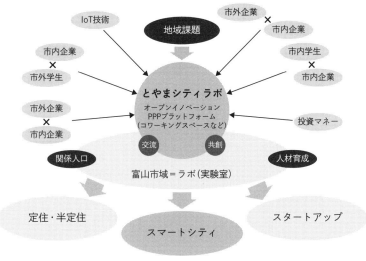

図4-9 「シティラボ」の事業イメージ

　このように、富山市は産学官民のビジネス交流と共創を通じて、不確実性の高い社会においても、活力ある持続可能な都市経営の実現を目指している。

《注》

i 　本章掲載の図版は特に記載のない場合、すべて富山市の提供資料より引用している。

ii 　APIとは、FIWARE（オープンソース）上のデータや機能などを他のシステムで呼び出して利用するためのシステム上のルール（Application Programming Interface）。

iii 　都市・地域における生活環境での実験を通じ、利用者と提供者が共創プロセスによってサービスの向上を図る生活者起点のオープンイノベーション手法。

# 富山市事業構想研究会

主　　催：学校法人先端教育機構　事業構想大学院大学

特別委員：田中　里沙（学校法人先端教育機構　事業構想大学院大学 学長）

常任委員：深谷　信介（富山市政策参与、名古屋大学未来社会創造機構モビリ
　　　　　ティ社会研究所 客員准教授）

　　　　　重藤さわ子（学校法人先端教育機構　事業構想大学院大学 准教授）

　　　　　富山市


# 事業構想大学院大学 チームメンバー（50音順）

<u>富山キラリチーム</u>

植草茂樹（5期生）、中渡瀬拡司（7期生）、温井珠希（8期生）、山田順子
（7期生）、山田貴彦（8期生）、松田吉広（5期生）

<u>「水がつなぐ新しい富山」チーム</u>

小林千尋（8期生）、高橋恒夫（8期生）、角田太一（8期生）、中山 勉（8
期生）

<u>Team if so</u>

石橋 剛（7期生）、岡本享大（7期生）、榊原大輔（5期生）、福島正通（7
期生）

# 富山型コンパクトシティの
# 構想と実践

発行日 　　2020 年 10 月 30 日　初版第 1 刷発行

編　者　　富山市事業構想研究会
発行者　　東英弥
発　行　　学校法人先端教育機構 事業構想大学院大学出版部
　　　　　〒 107-8418　東京都港区南青山 3-13-18
　　　　　編集部　03-3478-8402
　　　　　販売部　03-6273-8500
　　　　　https://www.projectdesign.jp
発　売　　学校法人先端教育機構
印刷・製本　株式会社暁印刷
DTP　　　株式会社鷗来堂

学校法人 先端教育機構
事業構想大学院大学出版部の書籍【地方創生シリーズ】

## ふるさと納税の理論と実践／ふるさと納税と地域経営

■保井俊之・保田隆明 著、事業構想大学院大学ふるさと納税・地方創生研究会 編（理論と実践）
■髙松俊和 著、事業構想大学院大学ふるさと納税・地方創生研究会 編（地域経営）
A5判・横組・並製
本体各1800円＋税

## DMO入門
——官民連携のイノベーション

■大社 充 著
事業構想大学院大学出版部 編
A5判・横組・並製・170頁
本体1800円＋税
ISBN978-4883354467

## 明るい逆参勤交代が日本を変える
——働き方改革と地方創生の同時実現

■松田智生 編著
四六判・縦組・並製・210頁
本体1500円＋税
ISBN978-4910255002

## 公民共創の教科書

■河村昌美・中川悦宏 著
A5判・横組・並製・272頁
本体1800円＋税
ISBN978-4910255002

## スーパーシティ
——社会課題を克服する未来のまちづくり

■片山さつき 著
四六判・縦組・並製・150頁
本体1200円＋税
ISBN978-4910255040

詳しい内容についてはホームページをご覧ください www.mpd.ac.jp/publishing